RAPHAEL ET GAMBRINUS
OU
L'ART DANS LA BRASSERIE
PAR
JOHN GRAND CARTERET
Paris, L. WESTHAUSSER, éditeur, 40, rue des Sts-Pères

Raphaël et Gambrinus

OU

L'ART DANS LA BRASSERIE

DU MÊME AUTEUR:

ÉVREUX, IMPRIMERIE DE CHARLES HÉRISSEY

RAPHAËL

ET

GAMBRINUS

OU

L'Art dans la Brasserie

PAR

JOHN GRAND-CARTERET

FRONTISPICE DE MARCELLIN DESBOUTIN

ILLUSTRATIONS

De Pille, G. Jeanniot, Dantan, Félix Régamey, Mars, Jules Adeline
Auguste Viollier, Coll-Toc, Fernand Fau.

PARIS

LOUIS WESTHAUSSER, EDITEUR

40, RUE DES SAINTS-PÉRES, 40

1886

SUR L'ORIGINE DU LIVRE

ET

SUR SON ILLUSTRATION

Raphaël et Gambrinus est *né un soir, à la brasserie du Plus Grand Bock — il y a bientôt deux ans — en face des pochades si amusantes de l'ex-clown Faverot, qui occupent, ici, la place à laquelle elles ont droit.*

Il est le fruit de plusieurs visites faites alors aux brasseries décorées par deux amis, presque deux frères, s'inquiétant aussi peu des personnalités tapageuses que des chevalières du bock — population habituelle de ces établissements — mais aimant à deviser art et philosophie.

L'auteur et son compagnon — celui-là même auquel le livre est dédié — ont étudié toutes les transformations subies par la décoration des établissements publics, depuis le jour où Parvillée — un de ceux qui ont le plus fait pour l'art industriel — a remis en honneur la céramique; ensemble ils ont déploré cette maladie du travestissement — mardi-gras du costume et de l'architecture — qui nous réserve, sans doute, encore plus d'une exagération; ensemble, ils ont pensé qu'il y aurait certainement quelque intérêt à mettre sous les yeux du public les décorations, sérieuses ou fantaisistes, de la brasserie germanique.

De toutes ces idées est sorti le livre actuel, dont l'apparition a été quelque peu retardée par les difficultés de l'illustration.

Le volume devant être, autant que possible, à la portée de tous, il fallait renoncer à la reproduction par des procédés chromiques.

Or, la grosse question était de savoir si des dessins monochromes rendraient suffisamment le caractère, la fantaisie, de compositions pleines d'intentions, mais, malheureusement, d'une exécution souvent bien imparfaite et n'ayant, en somme, quelque esprit que par cette couleur même qu'on leur enlevait.

Sur ce point les gens du métier verront qu'avec le procédé, en grisant ou en recourant au pointillé, nous avons obtenu plus d'un heureux effet. Toutefois, pour jeter par-ci par-là une note plus gaie, quelques planches ont été coloriées au patron.

Mais je tiens à attirer l'attention de mes lecteurs sur le double caractère que présente l'illustration de ce volume, à la fois documentaire et ornementale.

Un seul pouvait l'habiller dignement, c'était Pille le peintre attitré, en quelque sorte, et toujours spirituel, des cabarets, dont on admirera, en même temps, la taverne moyen âge ; un seul pouvait l'orner d'un frontispice magistral, c'était Desboutin, le pointe-sèchiste, dont les œuvres gravées sont pour l'amateur une rare bonne fortune. Un cabaret japonais — accouplement étrange — appelait forcément la plume si fine, si précise, de Félix Régamey, tandis que le bar anglais et la taverne flamande devaient trouver dans Mars leur traducteur le plus fidèle. Jules Adeline, le fécond et gracieux illustrateur, a bien voulu dessiner pour moi le cabaret des Soleils de Rouen, et les caves de Suisse, aux foudres immenses, au savant fouillis artistique, sont l'œuvre d'un jeune peintre genevois, plein d'avenir, Aug. Viollier.

La partie plus particulièrement documentaire de l'illustration a été exécutée par Coll-Toc, le caricaturiste dont le talent se montre, ici, sous un jour nouveau, et Fernand Fau, *l'ancien dessinateur de la Vie Moderne. L'un, porté surtout vers le côté décoratif, a orné ses compositions de sujets rentrant dans l'esprit même de la brasserie; l'autre, d'un dessin plus large, d'une conception plus artistique, a su donner à ses planches un cachet particulier.*

Entrant dans le domaine de la fantaisie, j'ai voulu aussi, esquisser quelques établissements qui seront peut-être les brasseries de demain, et que le crayon de Coll-Toc a interprétés avec verve. La Brasserie de la Caricature, la Brasserie de la Silhouette, sorties de notre cerveau, verront certainement le jour avant qu'il soit longtemps.

Quoique le volume ne comportât nullement la photographie des publics, j'ai pensé, cependant, qu'il serait intéressant de voir la brasserie sous ses trois principaux aspects : français, alsacien, allemand. Jeanniot, qui excelle dans la peinture des types, a croqué de main de maître un intérieur parisien. Pour Strasbourg, j'ai reproduit une peinture représentant l'estaminet Piton avant 1870. Pour l'Allemagne, je me suis servi d'une composition au lavis du peintre Horstig, publiée dans le très artistique journal le Deutsche illustrirte Zeitung, et donnant l'intérieur d'une brasserie munichoise récemment construite à Berlin.

Du reste, si j'en excepte les décorations de la Stadt Ulm, la monumentale brasserie de Francfort, dont les dessins ont été exécutés par l'artiste-décorateur lui-même, et quelques intérieurs strasbourgeois dus à un collectionneur-amateur alsacien, M. Ad. Seyboth, toute l'illustration de la partie allemande a été faite d'après des photographies ou d'autres documents déjà existants.

Je dois encore les plus vifs remerciements aux peintres Dantan et Adolphe Guillon, qui m'ont donné la possibilité de reproduire quelques tableaux d'établissements, aujourd'hui disparus, le café de Fleurus et le café Laffitte, célèbres dans les fastes artistiques, tandis que M. Ferdinand Reiber, l'auteur des Etudes gambrinales, a bien voulu me fournir de nombreux renseignements sur les brasseries de Strasbourg.

Quant aux curieuses décorations de bars américains, elles m'ont été communiquées par M. Félix Régamey, qui a rapporté de ses nombreux voyages au delà des mers tant de choses intéressantes.

Enfin, collectionneur moi-même, j'ai pensé satisfaire mes confrères en collections, en reproduisant ici, à titre documentaire, tout ce qui, de près ou de loin, tient à la curiosité gambrinale, c'est-à-dire, affiches, prospectus, invitations, cartes de menus, chopes, brocs, robinets, et tout ce qui présente, plus ou moins, un certain intérêt décoratif.

Ce sont là pour l'histoire de la brasserie, pour ce côté des mœurs intimes dans le dernier quart du siècle, autant de documents qui, sans cela, risqueraient fort de ne jamais tomber sous les yeux de nos arrière-petits-fils.

J. GRAND-CARTERET.

Paris, en mars 1886.

PRÉFACE

On a beaucoup écrit sur les cafés, ou plutôt, pour être plus exact, souvent on a fait, soit à la plume, soit à l'eau-forte, le tableau de Paris au café. Alfred Delvau, Maxime Rude, Auguste Lepage, pour ne parler que des spécialistes, ont, sous des formes diverses, reconstitué ce côté de l'histoire anecdotique, et dépeint la physionomie des personnages de toutes sortes qui fréquentent les établissements, dé-

corés, suivant leur importance, des noms de
café, cabaret, caboulot, cave, caveau, taverne,
brasserie, estaminet, buvette, pinte, buffet,
prunot, et autres synonymes, plus ou moins
admis par l'Académie.

Grâce aux hommes de lettres, aux artistes,
qui sont censés venir y brasser des idées, et
qui souvent s'y occupent de choses fort étran-
gères aux arts et aux lettres, les uns n'ont pas
hésité à faire du café un des principaux centres
de l'esprit parisien, tandis que les autres, ne
voyant dans les journalistes qui y élisent
domicile que des débineurs et des impuis-
sants, se sont violemment élevés contre ces
parlottes et ces boîtes à cancannage de la
bohême littéraire.

Pour ma part, je ne me prononcerai dans
aucun sens : d'abord, parce que cette question
est étrangère au but du volume, ensuite parce
que ce sont là affaires de tempérament, d'âge,
d'habitudes.

Mais qu'on aime ou qu'on n'aime pas le
café, qu'il soit utile au développement des
idées, ou qu'il lui soit funeste, peu importe.

De tout temps on y est allé... plus ou moins;
de tout temps, des gens... de plus ou moins
d'esprit s'y sont rencontrés; il était donc
intéressant, une fois, de chercher à établir la
physionomie des cafés, celle du local, toujours
négligée, et non celle des types, déjà si souvent tracée.

Delvau a bien, par–ci par–là, quand il
s'agissait d'un établissement excentrique, es-
quissé à grands traits l'aspect de quelques
débits de boissons, mais à son époque le genre
café régnait presque sans partage, la brasserie
n'était qu'une exception et, surtout, le mouvement qui pousse les modernes vers la couleur, vers la décoration, n'avait pas encore
pris naissance.

Pour ceux qui, comme moi, cherchent
dans toute chose, dans toute manifestation
humaine, le document pouvant servir à l'histoire des mœurs ou des idées, ce mouvement
est à étudier parce qu'il est absolument caractéristique.

C'est pourquoi, laissant de côté le peuple
toujours si mélangé, toujours à peu près

identique, des établissements où se débitent
café, bière, absinthe et liqueurs ; ne m'inquiétant des cabaretiers à la mode du jour,
des gens de plume ou de pinceau, que lorsqu'ils se présenteront comme ouvriers de
l'idée nouvelle, j'intitule hardiment mon volume : *Raphaël et Gambrinus*, c'est-à-dire l'*Art
dans la Brasserie.*

Quelque singulière que puisse paraître la
chose, quelque bizarre que soit cet accouplement, l'art, sous sa triple forme, architecturale,
picturale et décorative, prend, en effet, pos-
session de la taverne, du local à bière. Raphaël,
quittant les hauteurs académiques, entre chez
Gambrinus et met ses pinceaux au service du
roi flamand.

Si ceux qui, les premiers, ont eu l'initiative
de ces brasseries décorées, emplissent leurs
poches, de par la curiosité publique... tant
mieux pour eux ; si ceux qui président à
la décoration de ces cabarets d'un moyen
âge, souvent bien de fantaisie, se croient,
dès à présent, des maîtres, pouvant, la
chope en main, mépriser anciens et mo-

dernes... tant pis pour eux. Là n'est point
l'affaire.

Au reste, celui qui ne verrait là-dedans
qu'une habile spéculation de commerçants
avisés, et qu'une fumisterie de jeunes rapins,
se tromperait étrangement. Sciemment ou
non, les patrons de ces établissements et les
artistes du quartier se font les interprètes du
mouvement très particulier à notre époque
qui, insensiblement, pousse l'art vers toutes
les applications aux choses de la vie usuelle,
qui le conduit, aujourd'hui, à la brasserie, qui,
demain, le fera orner de ses riches polychro-
mies les façades des maisons et les vastes
salles des gares, reconstruites avec goût, dans
un style plus conforme à nos besoins esthétiques.

Or, à ce point de vue — très spécial, je
veux bien le reconnaître, mais intéressant
quand même, — les brasseries sont un peu
la maison de celui qui n'a pas d'intérieur.
Salles-omnibus, elles peuvent donc égayer
leurs murs par des décorations, conçues dans
un esprit particulier, qui soient pour les habi-

tués, c'est-à-dire pour leurs habitants quotidiens, ce que sont, pour nous, les tableaux, les tentures, les céramiques du *home*, d'agréables compagnons qu'on retrouve avec un plaisir toujours nouveau.

Si les brasseries décorées ne font pas l'éducation des masses, — soutenir le contraire serait une thèse passablement paradoxale, — elles peuvent contribuer à développer le goût et le sentiment de l'ornementation chez les gens déjà susceptibles de quelque étincelle artistique. Loin de fulminer contre elles, les moralistes devraient les prendre sous leur protection, car, si les femmes y affluent, comme dans n'importe quel établissement public, elles valent mieux que les caboulots où de modernes Hébés, servantes attitrées, poussent à toutes sortes de consommations plus ou moins frelatées.

J'engage fort leurs patrons, qu'aucune innovation n'effraye, si excentrique soit-elle, à instituer des jours payants pour les bourgeoises timides ayant encore un certain décorum à garder et pour les familles de gâteuses à carreaux, en rupture d'Angleterre. Cela ferait recette et, qui sait, deviendrait peut-être aussi couru que les samedis de l'Opéra-Comique.

Mais en attendant l'âge d'or, souvent promis, où tout, tous et toutes, seront ou si vertueux ou si corrompus que les jeunes filles elles-mêmes pourront aller consommer dans les *Chat noir*, les *Lapin*, les *Grenouille en goguette* et autres *Truie qui file* de l'avenir, j'ai pensé qu'il était intéressant de fixer par la plume, et surtout par le crayon, les excentricités de la décoration, les productions échevelées des cerveaux travaillés par la maladie de la couleur et, souvent aussi, par les gauloiseries du pinceau.

Pas plus que notre littérature, notre art moderne n'est bégueule, mais en se démocratisant, en voulant parler aux masses, en se faisant peuple, en un mot, il a eu le grand tort d'abandonner l'esprit de la bonne compagnie. Là où des décorateurs du xviiie siècle se fussent montrés légers, polissons, pleins de sous-entendus fripons ; là où des élèves de Gavarni eussent mis en pratique le fameux axiome du peintre de la lorette : *Canaille tant qu'on voudra, mauvais genre jamais*; eux se sont montrés rudes et souvent sales à plaisir, par principe, par esprit de protestation antiacadémique, relevant d'emblée tous les cotillons de l'art, comme les jeunes gens qui, dans leur fougue antireligieuse, se déclarent athées pour faire la nique aux hommes sages et réfléchis.

Il y a, je le sais, dans cet ordre d'idées, des brasseries de toutes espèces, il en est qui, décorées avec goût, sobrement, sans rien de trop criard, ont eu pour but, comme je le faisais entrevoir tout à l'heure, de distraire, d'égayer le consommateur ; celles-là appartiennent à l'aristocratie du genre; d'autres, arrangées de bric et de broc, représentent, si on le veut bien, la classe moyenne; enfin viennent les véritables cabarets artistiques et littéraires, et, pour descendre jusqu'au dernier échelon de l'échelle gambrinale, les brasseries des boulevards extérieurs, où les décorations sont à la hauteur intellectuelle et morale des individus des deux sexes qui les fréquentent.

On peut ranger dans la catégorie qu'on voudra les *monteurs* et *montreurs* d'établissements excentriques chez qui la maladie de la pompe, du décor extérieur, de la couleur, a été poussée jusqu'au point de costumer sous toutes les formes de malheureux garçons qui jouent ainsi au personnage, sans s'apercevoir que, souvent, leur visage glabre et canaille jure étrangement avec la livrée dont on les a revêtus.

Imitant les artistes aux tendances anti-académiques, ces personnages ont cherché, avant tout, à tourner en ridicule certains hommes et certaines institutions : mais si les Lacédémoniens, en grisant des Ilotes, pensaient pouvoir inspirer à leurs enfants l'horreur de l'ivresse, je doute fort que les garçons de café costumés en fonctionnaires, en garde-chiourmes, en souverains, inspirent au public l'horreur de quoi que ce soit. Ayons le courage d'appeler les choses par leur nom : ce sont là des fumisteries d'atelier, des polissonneries de gamin de Paris, quand ce ne sont pas des réclames, des tire-l'œil en vue d'allécher le bon public. Et si une chose est regrettable pour ceux qui, comme moi, soutiennent la thèse de l'art populaire, c'est de voir ce *costumage* politique, et par conséquent bête, des garçons — je ne parle pas des costumes pittoresques qui cadrent avec l'ensemble d'une décoration — dans des établissements où tout a été bien compris, où les ornements sont sobres et de bon goût, où l'industrie moderne a prêté un utile et précieux concours.

Oui certes, la brasserie peut être décorée, comme toute salle où le public est appelé à se rendre, où il va, soit pour consommer, soit pour assister à un spectacle quelconque, mais au moins faudrait-il que cela eût lieu avec intelligence, avec une parfaite entente du sujet, comme quelques propriétaires, ici, en avaient d'abord donné l'exemple, comme on peut le voir dans maint établissement d'outre-Rhin.

Je le dis bien haut, — dussé-je blesser ceux qui introduisent le patriotisme là où il n'a rien à faire, — les brasseries d'Allemagne, dont quelques-unes ont été construites par les architectes des palais et des théâtres royaux, doivent nous servir de modèles, tant pour leur magnificence, leurs proportions spacieuses, leur parfaite entente des styles, que pour la façon amusante et curieusement drolatique dont elles ont été égayées, pour ne pas dire illustrées.

Il y a là un ensemble bien étudié, bien exécuté, où tout a été mis en œuvre pour concourir à l'effet cherché, depuis le vitrail, les boiseries, les grands poêles ornés, jusqu'aux plus petits détails de l'intérieur, jusqu'aux moindres accessoires du service.

Or, ce qu'il faut reprocher à ceux qui, en France, se sont essayés dans cette voie, c'est justement de ne pas posséder la note exacte de la décoration : ou ils pontifient, même en faisant les pochades les plus abracadabrantes, ou ils se laissent aller à cette érotomanie qui, pour eux, est synonyme d'indépendance de l'art.

Et pourtant, il est parmi les jeunes formés à l'école de l'humour plus d'un peintre qui aurait les qualités voulues pour entreprendre de la belle et bonne peinture décorative, sans trop de fantaisie nuageuse, et sans borner son horizon aux gens ou aux scènes du ruisseau.

J'appelle de tous mes vœux un tel artiste.

Qu'il se mette courageusement à l'œuvre, celui-là; qu'il laisse courir librement sa fantaisie sur les murs nus d'une brasserie; qu'il nous prouve, enfin, que l'étude, l'observation, la pointe fine et railleuse sont encore des qualités éminemment françaises!

Le rire, le rire franc, large et fécond, n'a rien à faire avec la maladie de l'étrange qui nous étreint, avec la pornographie qui menace de nous engloutir.

Dans toutes les manifestations publiques de l'art, qu'il s'agisse d'un palais, d'une gare de chemin de fer, d'un hôtel de ville ou d'un débit de boissons, un peuple montre toujours quelque chose des sentiments qui l'animent.

Cela est si vrai, que la brasserie alsacienne n'est point la brasserie allemande, que la taverne flamande n'est point la cave suisse, que le bar américain n'est point le bar anglais, que la bodega espagnole n'est point le slaatiuntjes hollandais. Partout on rencontre le local à boire, mais partout aussi, sa physionomie diffère.

Or, si la brasserie n'est pas entrée dans nos mœurs, je veux dire si les gens de la bonne bourgeoisie ne s'y rendent pas en famille, comme cela se pratique en Allemagne, elle n'est pourtant pas peuplée que de filles et de souteneurs, comme on pourrait le croire à la vue de certaines peintures.

L'*at home*, autrefois si dédaigné de tous, commence, il est vrai, à avoir pour nous des charmes inconnus, depuis que la rue est livrée à la fange du ruisseau. C'est aujourd'hui, surtout, que Maxime Rude pourrait faire un chapitre sur ceux qui ne vont pas au café.

Mais quand bien même il en serait ainsi, il reste encore la jeunesse, la jeunesse bruyante et tapageuse de toutes les écoles, de toutes les professions, dont les visées sont plus hautes, plus nobles.

Pourquoi donc restreindre ainsi la décoration des établissements publics à la dernière des classes sociales ?

Public qui fréquentes les brasseries plus ou moins bien famées de Paris, public qui vas aux ouvertures de cabarets excentriques comme à une première d'une espèce croustillante, public, éternel gogo qui demandes, sans cesse, des amusements nouveaux, public qui aspires après l'*Abbaye de Thélèmes* en attendant la *Brasserie de la Carte transparente*, public qui t'élèves bien haut contre tous les scandales et qui les entretiens par tes pièces de cent sous, n'ouvre pas ce livre : ... il n'est point fait pour toi.

C'est une étude vécue, chaude et colorée, sur un des côtés les plus typiques de l'ornementation, c'est en quelque sorte la psychologie de la décoration, la caractéristique, par la brasserie, de ces deux tempéraments si différents : le tempérament gaulois, le tempérament germanique. Que viendrais-tu donc chercher ici, toi qui considère les ordures d'un pinceau en goguette comme autant d'éclairs de génie, toi qui ne vois dans la brasserie que les nullités qui y trônent — ce sont tes hommes célèbres — et les filles qui y servent, — ce sont tes déesses.

Que, si par hasard, tu veux passer outre, tu seras doublement déçu, car l'image elle-même, sans être prude ou bégueule, a cependant rejeté loin d'elle tout ce qui était sottement et salement obscène.

Donc, tu ne me liras pas et tu feras bien, toi qui proclamerais volontiers cet axiome :

La brasserie sera pornographique ou elle ne sera pas.

Tu ne me liras pas, parce que, en me feuilletant, sous les galeries de l'Odéon, suivant la mode du jour, tu n'apercevrais, au travers de mes pages, rien de suffisamment croustillant, piquant, faisandé, pour satisfaire à ton goût de la littérature… avancée.

Mais que m'importe? — Si ceux qui aiment encore les études faites à un point de vue plus élevé, lisent sans fatigue et jusqu'au bout, ces monographies documentaires, je serai suffisamment récompensé, car ce sera, pour moi, la preuve que ce côté si particuliérement intéressant et si original de la décoration publique, compte, partout, de nombreux partisans.

J. G.-C.

I

BRASSERIES
ET CABARETS

DE FRANCE

Paris - Lyon - Rouen

I

LES ANCIENS CABARETS

ET LES PREMIERS CAFÉS

Les anciens cabarets étaient-ils décorés ?

Rabelais nous répond par le fameux cabaret de la *Cave peinte* à Chinon, où il aimait tant à s'ébattre.

Le moyen âge, on le sait, possédait au plus haut degré le sens de l'ornementation intérieure : donc rien d'extraordinaire à ce que les murs des cabarets ne fussent pas entièrement nus. Toutefois, l'on se tromperait fort si l'on assignait à cette décoration le sens actuel : il ne s'agissait pas de tableaux ou de fresques, mais bien de murs et de plafonds peints avec des ornements quelconques. Plus tard, l'habitude vint de ficher aux murailles les estampes populaires que les colporteurs répandaient dans les campagnes, mais l'ornementation devait, avant tout, son caractère, aux vitres plombées, aux ferrures, aux hautes cheminées, aux boiseries, aux tables et aux sièges.

Il existe encore en province quelques rares auberges ou hôtelleries qui, fenêtres à part, ont assez bien conservé leur aspect primitif. On peut y voir de petites salles Louis XIII aux poutres moulurées, ou de grandes salles Louis XIV, dont les plafonds, couverts d'ornements, montrent quelquefois les écussons plébéiens des tenanciers.

A Paris, au xviie siècle, si le cabaret joua un grand rôle, il ne paraît pas avoir été bien luxueux; les enseignes et les grilles de fer (l'ancienne grille des marchands de vin) curieusement ornées et festonnées constituaient alors la partie la plus décorative de son ornementation. Il est vrai que les sculptures, écus, potences en fer forgé, dans un style souvent ronflant, avaient l'apparence d'objets d'art, mais tous ces nombreux *beuvoirs* — *le Treillis vert, la Corne, l'Écu d'argent, l'Épée royale, l'Épée de bois, les Deux Faisans, les Trois Maillets, l'Ange, les Bons*

Enfants, l'Alliance, l'Écharpe, les Trois Cuillers, les Torches, la Galère, la Croix de Lorraine, le Mouton Blanc, en tête desquels brillait la célèbre *Pomme de pin* que tous cherchaient à surpasser — étaient principalement des cénacles littéraires et mondains où, débarrassés pour un instant de la pompe encombrante de Versailles, beaux esprits et grands seigneurs venaient en compagnie des gens de théâtre, faire l'école buissonnière.

Francisque Michel et Edouard Fournier, dans leur *Histoire des hôtelleries,* nous ont ainsi restitué un XVIIe siècle entièrement inédit et tout à fait curieux, se livrant à des débauches de chansons légères, ayant soif de débraillé et de laisser-aller.

Le XVIIIe siècle, lui, plus sensuel, ne se grisa pas seulement de poésie, il se grisa en toute réalité, courant les tavernes et les bouges les plus infects, menant partout joyeuse vie et faisant grand tapage.

Dans tous ces établissements peu ou point de décoration. On connaît l'aspect du plus célèbre, portant pour enseigne : *le Tambour royal* et appelé plus simplement du nom de son propriétaire : cabaret Ramponneau. C'est une sorte de grand hangar sur les murs

duquel on voyait Ramponneau, lui-même, à califour-
chon sur une tonne, dans une posture de Silène, puis
les portraits de Mlle Camargo, la célèbre danseuse, et
de M. Belhumeur, sergent aux gardes. Un rébus, *Mon
oye fait tout*, complète cette ornementation quelque peu
rudimentaire. Les garçons, il est vrai, étaient coiffés
de bonnets en pain de sucre faits de papier de diverses
couleurs ; costume peu coûteux, qui devait rester classique.

Mais avant la fin du siècle, une concurrence allait
naître au cabaret, avec le café dont le premier fut ouvert rue Saint-André-des-Arts par un Levantin nommé
Etienne. Le café, lui, repoussait toute enseigne extérieure et était orné intérieurement de glaces et de tables
de marbre.

Sous le premier Empire, le style du café devint très
particulier avec ses bronzes dorés, ses lustres en cris-
tal, ses guéridons en granit et en acajou, ses larges
tables en noyer à pieds de biche et à dessus en marbre
rouge. Les souvenirs de l'antiquité et des campagnes
d'Égypte influèrent même sur lui : les immenses colonnades dont on n'avait eu, jusqu'alors, qu'une idée
imparfaite, prirent place dans l'architecture des salles
comme dans celle des façades, et les cafés rivalisèrent
à qui aurait le plus de colonnes.

On sait ce qu'étaient ceux du Palais-Royal : tous
les étrangers de passage à Paris vantaient leur magnificence et leurs riches décorations, personnages mytho-

CABARET MOYEN AGE. — Dessin de Henri Pille.

logiques ou vues de villes, tandis que les estampes de l'époque nous montrent les belles limonadières siégeant sur leurs vastes comptoirs au ventre rebondissant, ornés d'allégories ou de figurines.

A partir de 1820, le goût des peintures se généralisa. Le café de la Régence vit se détacher sur ses murs des médaillons portant les noms de Philidor, Lulli, La Bourdonnais, Deschapelles ; le café Procope s'offrit, dans son salon du rez-de-chaussée, les portraits de Voltaire, de d'Alembert, de Piron, de J.-J. Rousseau, de Mirabeau ; le café de Foy remit à neuf ses plafonds, comme le café de la Rotonde, dont les festons et les astragales étaient dus au pinceau de Séchan et de Dieterle, les deux habiles décorateurs.

Sous Louis-Philippe, le café conserve son aspect froid et sévère, les médaillons sont la seule décoration permise. Signalons toutefois, avant d'aller plus loin, une intéressante innovation mise en pratique vers 1840 par les propriétaires du café du Pavillon à Lyon. Voici ce qu'on lit, en effet, dans les réclames de l'époque :

« Une idée neuve, originale, a surgi dans la tête de Mme Gérard qui, prenant tous les soirs le costume des nobles dames de l'ancienne Cour et la coiffure poudrée du temps, entourée de laquais à livrée rouge et de jeunes pages, assise sur un trône éclairé aux bougies, a le privilège d'attirer une foule compacte qui nécessite d'avoir des fonctionnaires à sa porte pour contenir le public trop nombreux qui se presse pour entrer.

« Mme Gérard, qui est d'une taille élevée et noble, représente assez le rôle d'une reine. Tout Lyon parle de l'idée de Mme Gérard, tout le monde court jouir du mouvement et de la vie qui règnent dans ce local. »

Les belles limonadières ne craignaient pas, on le voit, de trôner en public, revêtues de costumes historiques, car l'exemple de Mme Gérard ne resta pas un fait isolé, s'il faut en croire les chroniques.

Que vont dire nos cabaretiers, eux qui, en costumant leurs garçons, croyaient avoir trouvé une chose neuve et originale ? Leurs ancêtres, dans l'ordre *cafetier*, se donnaient au moins elles-mêmes en spectacle.

II

LES CABOULOTS ARTISTIQUES

ET LES BRASSERIES DU SECOND EMPIRE

Le Cochon fidèle. — Le Cabaret Génin. — Le Café de Fleurus.
Le Café Laffitte. — Le Buffet Germanique.

N'est-ce pas Heine qui, parlant des Français de
1848, disait : « Ils fument, ils boivent de la bière et
plus d'un joue aux quilles ». — Du tabac et du jeu de
quilles, nous n'avons que faire ici, mais la bière nous
intéresse directement, car après s'être introduite sans
bruit, par la porte des cafés, la liqueur du dieu Gambrinus prit bientôt une importance telle, qu'il lui fallut
avoir des locaux où elle pût régner sans conteste.

En même temps donc qu'il généralisait le café aux
dorures banales, lourdes et criardes, avec tout son

faux clinquant — plafonds peints aux éternels Amours nageant dans un ciel bleu, ou aux Neptunes armés de l'inévitable trident, moulures, colonnes surchargées d'ornements et habillées de velours, lustres aux vastes proportions, glaces immenses, — le second Empire donnait naissance aux brasseries et aux tavernes artistiques.

C'est à cette époque, également, que se répandait le café-estaminet, dont le *Mazarin* et surtout le *Grand Café Parisien* avec sa belle conception architecturale, furent la plus brillante incarnation.

Mais revenons aux premières brasseries et tavernes artistiques, décorées, alors, du nom moins pompeux de *Caboulots*, nom qui, avant d'obtenir droit de cité dans l'argot parisien, appartenait tout simplement au patois franc-comtois et servait à désigner un *trou*, un lieu de sordide et mesquine apparence.

Une des nombreuses et curieuses petites plaquettes de l'époque, *Ces Dames*, publiée en 1860, raconte ainsi les commencements du caboulot :

« A son origine, c'était un cercle familier de jeunes gens qui se réunissaient pour causer librement politique ou littérature.

« Le maître de l'établissement, qui prenait part lui-même aux réunions et quelquefois les présidait, ne cherchait pas la fortune. Il se contentait d'une clientèle peu nombreuse, à laquelle il fournissait, pour un prix modique, un local simple et de bonnes consommations.

« C'était au beau temps de la Bohème ; — de cette Bohème dont Mürger nous a raconté l'histoire, — qui avait conservé le patrimoine de l'intelligence et qui nourrissait l'espérance de prendre rang dans le monde artistique.

« De futurs hommes de lettres, des peintres, des sculpteurs, quelques étudiants, composaient ces réunions, dont on peut chercher dans le café Momus une lointaine image. Les murs des anciens caboulots sont ornés de dessins originaux, quelques-uns sont dus aux crayons d'hommes qui ont aujourd'hui un nom distingué comme on peut le voir au café Génin, rue Vavin, et au caboulot de la rue des Cordiers. »

Telle est donc l'origine du caboulot artistique qu'il ne faut point confondre avec le café littéraire. Il est contemporain du caboulot à femmes, mais des établissements comme la *Rapine fantastique*, la *Jeunesse*, l'*Ile de Calypso*, la *Puce*, la *Fourmi*, le *Caveau*, n'ont que faire ici, tandis que les cénacles artistiques du quartier Notre-Dame-des-Champs sont les premières tentatives, encore informes, il est vrai, de la brasserie décorée.

Une remarque qui a bien son importance. Le caboulot artistique n'a que ses quatre murs, il sera orné par les habitués eux-mêmes qui veulent opposer luxe à luxe, décoration à décoration. La pochade du rapin s'insurge contre les dorures et les ciels à tant le mètre : originale, spontanée, excentrique, abracadabrante même, elle introduit d'emblée l'art dans la brasserie :

c'est la *beuverie* annotée par les illustrations murales, faite pour les intimes, les invités, et non destinée aux regards profanes des philistins. Ce qu'on exécute c'est pour soi, pour son plaisir; on ne veut pas en faire montre et, encore moins, en tirer quelque profit. L'art du caboulot est essentiellement intime et désintéressé. Il ne va pas au public et le public ne vient pas à lui. Profonde différence entre ces premières manifestations artistiques et les décorations actuelles, exécutées pour être vues, avec l'intention bien arrêtée de faire hurler le bourgeois et, surtout, d'encaisser force monnaie. Les bohèmes du second Empire étaient des croyants : ceux d'aujourd'hui sont des spéculateurs en excentricités, qui savent que Paris aime toutes les boîtes à surprise, toutes les extravagances.

On se souvient certainement que Balzac avait eu l'idée d'ouvrir, sur le boulevard Montmartre, une boutique avec cette enseigne resplendissante :

HONORÉ DE BALZAC, ÉPICIER.

Si le grand romancier était encore de ce monde, plus de cent spéculateurs de l'espèce susnommée se seraient disputés la mise à exécution de son projet.

Bref, pour ne pas empiéter sur l'époque actuelle, les artistes de la génération qui nous occupe eussent tous volontiers empoigné l'échelle du peintre en bâtiment et exécuté au plafond des pochades, de la même façon qu'Horace Vernet peignit son hirondelle au café de Foy[1].

Ce mouvement de la bohème artistique commença avec le caboulot de la rue des Cordiers, ouvert en 1852, et où se griffonnait le journal *la Bohème,* puis vinrent le café Génin, cet étrange cabaret en planches de la rue Vavin, et la brasserie de la rue Hautefeuille, — la première qui ait arboré le nom de la spécialité gambrinale, — connue aussi sous le nom de *Andler-Keller* (Cave Andler). Si l'on en excepte les Alsaciens, qui avaient une préférence marquée pour cette dernière, où la fontaine de bière ne tarissait jamais, où l'âcre odeur de la fumée et du houblon régnait comme en plein Strasbourg, le public de ces deux établissements se composait des mêmes éléments : de la bohème littéraire et des rapins-réalistes. Alfred Delvau, Pierre Dupont, Gustave Mathieu en étaient, tout comme Courbet, Barillot ou Léopold Flameng.

La rue des Cordiers, avec ses vieilles et sales maisons, n'était pas seulement une des rues les plus typiques de l'ancien quartier Latin, c'était encore la dernière per-

[1] Tout le monde connaît l'histoire de cette hirondelle devenue légendaire, et qui fut assez vite remplacée par l'œuvre d'un barbouilleur quelconque. Un soir que les peintres en bâtiment se mettaient en devoir de laver le plafond du café, Horace Vernet grimpa sur une échelle, muni d'un pot de couleur et d'un pinceau et, en peu de temps, une demi-douzaine d'oiseaux ornaient le plafond de l'établissement.

sonnification de la bohème. Jules Sandeau, Georges
Sand, Henry Mürger n'y avaient-ils pas habité ?

Le caboulot qui s'y trouvait, appelé vulgairement
l'établissement du *père Armand*, n'était autre que le
célèbre *Cochon fidèle*. Là, régnaient l'amitié, la joie,
la gaieté, le sans façon. S'il faut en croire les auteurs
d'une petite plaquette, assez rare aujourd'hui, on n'y
pérorait qu'en chansons ; les murs seuls y parlaient,
montrant comment on vivait autrefois au quartier
latin et comment on vivait mieux ailleurs.

J'emprunte, du reste, à MM. Edgar Monteil et Paul
Tailliar, les écrivains de la brochure que je viens de
citer, — parue en 1866, alors que la pioche allait
abattre les dernières tavernes intéressantes du quartier,
— tous les renseignements relatifs aux peintures du
Cochon fidèle :

« La taverne du *Cochon* est le véritable musée
de la Bohème. Qui ne s'est extasié devant les types
d'étudiants et d'artistes, peints avec toute la perfec-
tion que M. *Saint-Louis* sait mettre à conduire son
pinceau ! Chaque personnage est charmant dans son
tableau de *la Chaumière*, y compris le municipal,
gardien de l'ordre et des mœurs, alors comme aujourd'hui, dont la figure contraste avec les minois
joyeux et l'expression des physionomies intelligentes
des danseurs.

« Mentionnons, sans nous y arrêter, un *Chiffonnier
et une Chiffonnière*, tranchés dans le vif par le même

Saint-Louis ; une *Kermesse bretonne* et différents paysages de mérite, pour admirer sur un panneau au fond de la taverne, un moine à figure enluminée, élevant sa chope à la hauteur de ses lèvres sensuelles, tandis que son culot fume sur la table et que son compagnon boit dans une autre chope placée à terre : on reconnaît *Saint Antoine et son fidèle Cochon*.

« C'est l'œuvre d'*Arnould* que nous sommes heureux d'appeler notre ami, car il nous a précédés dans la vie de bohème, dont il a battu tous les sentiers et nous aimons à pleurer ensemble ses anciens amis : *Gérard de Nerval, Mürger, Hégésippe Moreau*.

« Il a, du reste, éternisé cette amitié en burinant, dans un ovale du mur de la seconde salle, les traits des grands hommes que nous venons de nommer, auxquels il associe *Musset, V. Hugo, Georges Sand, Théophile Gautier, Dupont, Béranger* et *Lachambaudie*.

« On doit encore à *Arnould*, une vue de nuit de la rue de la Vieille-Lanterne, qui nous rappelle le drame affreux de la mort de Gérard de Nerval.

« Signalons, en félicitant l'auteur, *M. Rossi*, jeune peintre de beaucoup d'avenir, la charge de l'*étudiant D****, en contemplation devant la femme de ses rêves, vertu fragile et déshabillée.

« Nous passons à une scène de cabaret, *une Orgie*, sans contredit le meilleur tableau de l'établissement. Des étudiants de dixième année, dans un beau négligé, fumant la bouffarde française, trinquent avec une femme échevelée, montée sur une table (encore du Saint-Louis). »

A cette description fort exacte, je n'ajouterai rien si ce n'est que le *Cochon fidèle* fut la véritable maison de la bohème, le père Armand, bon gros vivant, ayant aidé plus d'une fois de sa bourse les malheureux pressés par la faim.

Et maintenant au tour du cabaret Génin.

Encore peu connu, quoique déjà artiste d'une grande valeur, Flameng eut, le premier, l'idée d'improviser une décoration pour ce caboulot et il orna l'un des murs d'une peinture qui fit tant de bruit que ce fut, pendant longtemps, pour venir la voir, un véritable pèlerinage. Dès lors, des centaines d'artistes se succédèrent chez le père Génin, apportant tous, connus ou inconnus, le concours de leur verve et de leur originalité.

Mais ici, laissons parler Delvau qui fut un des habitués de chez Génin. Or, voici comment il s'exprime sur ce caboulot célèbre dans son *Histoire des Cafés et Cabarets*, illustrée, on le sait, de quelques petites ravissantes compositions par Courbet, Rops et Léopold Flameng :

« Après Génin, ce qu'il y a de plus curieux dans son cabaret, ce sont ses quatre murs — tout un musée !... Il y a cinq ans ils étaient blancs comme l'âme d'une vierge qui n'a pas encore lu de romans ; aujourd'hui, ils sont littéralement couverts de décora-

LE CABARET GENIN EN 1856. — D'après une gravure de « l'Illustration ».

tions... Il y a là-dessus et là-dedans un fouillis de masques, une *olla podrida* de bras, de jambes, de torses, de nez, de barbes, de pipes, à n'en plus finir et à ne plus s'y reconnaître.

« Ici est le portrait de Génin — orné du cigare, de la calotte, du gilet, du sourire et du calembour que vous savez. Là est le museau noir de son chien — du grand César, du vrai César...

« Plus loin est le mufle rose de cette pauvre Gipsy, une enfant de l'amour et du hasard, une petite bohémienne du pavé de Paris...

« Puis encore, çà et là, des *facies* d'habitués, — les uns pittoresques, les autres grotesques, — depuis le Prudhomme du voisinage, avec son col exorbitant et ses lunettes impossibles, jusqu'au voyou qui tire la langue à ceux qui le regardent.

« Il y a aussi ce que l'on pourrait appeler les grandes toiles de cette exposition permanente. D'abord deux vigoureux dessins de Pierre Bisson — un élève de Decamps, qui fait de la bonne photographie. L'un de ces dessins est une marine assez bravement exécutée, dont le seul tort est de pécher contre le vocabulaire des matelots. Le pendant à ce dessin est un paysage un peu ravagé, d'un ton croûte de pain brûlé, — avec des effets pittoresques obtenus en égratignant çà et là le mur d'une façon habile. De loin, — ça ressemble à un petit tableau de Casenave... D'un peu plus loin, encore, — cela ressemble à un Joseph Vernet... Mais de tout près, — cela ressemble à un Pierre Bisson...

« La plupart des portraits et des charges qui couvrent les murailles sont de Bouchez qui, — à cause de son nom, sans doute, — imite Boucher, comme M. Émile Wattier cherche à imiter Watteau. Il y a là, — de lui, — de petites esquisses à la sanguine qui ne manquent ni d'esprit, ni de grâce.

« Je ne veux pas oublier les fruits et les natures mortes d'Auguste Jean, — un peintre sur porcelaine qui ferait bien de peindre sur toile. Ce qu'il a peint là — sur un pan de mur du cabaret Génin — rappelle un peu la manière de Van Spaendonek. C'est un peu froid cependant. On devine aisément que c'est d'un artiste qui a l'habitude de faire cuire sa peinture...

« Je ne veux pas non plus oublier les dessins *flamands* de Léopold Flameng — un jeune artiste qui a le diable au ventre, et qui pourrait bien avoir d'ici à quelque temps la réputation de Gustave Doré...

« Léopold Flameng se plaît à reproduire sur le papier, sur le cuivre, ou sur la toile, ces Silènes opaques et rubiconds, flanqués de chair et gabionnés de lard, dont le ventre a autant d'étages que le menton, — et ces femmes énormes, gargamellesques, que Sainte-Beuve appelle « les Sirènes poissonneuses et charnues de Rubens ».

« Flameng affectionne aussi les scènes populaires. Il est moins gai que Pigal, — mais il est plus profond...

Le cabaret Génin lui a fourni plus d'un type : il lui en fournira d'autres encore. »

Après la mort du *père Génin*, que suivit peu de jours après, dans la tombe, celle qui, sous le nom de madame Génin, n'était autre que *Nana Lassave*, l'ancienne maîtresse de *Fieschi*, le caboulot qu'on n'appelait plus que : *le Temple de l'Humanité* perdit la plus grande partie de son ancienne clientèle.

L'humidité des murs avait déjà abîmé plus d'un dessin, tel que le fameux *perroquet penché sur une chope* ; mais il convient de signaler quelques autres pochades que Delvau ne mentionne pas dans son volume : une *scène du cabaret de la Pomme de pin*, dûe au pinceau de Flameng, une vue du *Grand Châtelet*, une composition ayant toute la facture d'un Daumier : *Auvergnats jouant pour l'honneur et la conchommation*; *En route pour la gloire !* dessin de Beyle, représentant un chiffonnier emportant dans sa hotte un confrère ivre-mort, tandis qu'il soutient un camarade pochard et qu'un môme, à moitié gris, suit en titubant ; un invalide buvant un canon : *Faut ben r'mettre un peu d'huile dans c'te vieille lampe*, pour reproduire textuellement la légende de son auteur, Gilbert Randon.

Et ce n'est pas tout !

On y voyait encore tout un fouillis de maisons moyen âge, une vue de l'inévitable Tour de Nesle, une composition représentant des Gardes françaises contant fleurette à des fillettes et, enfin, une taverne

du temps de Jean Sans Peur, grande brasserie au milieu d'un amoncellement inouï de pots cassés et de
brocs vides.

Peinture de Léopold Flameng au cabaret Génin[1].

Voilà bien la physionomie du véritable caboulot artistique, café d'habitués et de discoureurs, de bohèmes
et d'étudiants de vingtième année, dont l'espèce tend
de plus en plus à disparaître. Établissement et habitués,
ces derniers avec un costume rappelant encore les *bou-
singots*, ont, tous deux, un pittoresque, une couleur,
qu'on chercherait vainement aujourd'hui.

[1] C'est également à l'*Illustration* de 1856, que nous emprun-
tons ce cliché de Léopold Flameng.

TABLEAU DE JEAN AUBERT. — L'ancien Café de Fleurus.

Lauwick.   Piron.   Bellot.   Nargeot.   Hamon.   Perrichell.   J. Aubert.

De la même époque, date un établissement qui a brillé avec plus d'éclat dans les fastes artistiques, le café de Fleurus, situé au coin de la rue de Fleurus et de la rue Vavin, donnant sur le Luxembourg, en face l'ancien théâtre de Bobino.

Là, se réunissait, dans la salle du fond, tout un groupe d'artistes, élèves, pour la plupart, de l'atelier Delaroche, devenu, par la suite, l'atelier Gleyre. C'étaient Toulmouche, Hamon, Gérôme, Brion le dessinateur, Eugène Lambert, depuis, le peintre attitré de la race féline, Picou, un paysagiste, les dessinateurs Gluck et Yan'Dargent, Mélin, Jean Aubert, prix de Rome pour la gravure qui s'était mis alors au paysage, Schutzenberger le peintre alsacien, Mazerolles le décorateur, les paysagistes Français, Harpignies, C. Busson, Hanoteau, Corot, Jean Achard, Adolphe Guillon, Antiq, Blin, Nazon. On y voyait encore, plus ou moins régulièrement, les frères Breton, les frères Gérusez, dont l'un devint, on le sait, le dessinateur Crafty, Stephan Baron et les statuaires Bartholdy, Perrault, Chabeaud, Truphème.

Autant de *Hors Concours* et même des membres de l'Institut, parmi ceux qui vivent encore à l'heure actuelle.

Une telle réunion de peintres ne pouvait, assurément, habiter un café sans y laisser des traces de son passage. Aussi la salle du fond, où se réunissaient nos artistes, cherchant l'isolement avec la simplicité naturelle aux gens de talent, fut-elle bientôt couverte de tableaux exécutés dans un esprit essentiellement intime. Le bataillon des paysagistes avait donné presque tout entier : on y voyait des panneaux de Corot, Achard, Nazon, Blin, Harpignies, Français, Hanoteau, et, pièce assez curieuse, un paysage d'Orient, par Bartholdi, signé *Hasenscharte* (bec de lièvre). Puis venaient : de Melin, des chiens de chasse, genre dans lequel ce peintre excellait tout particulièrement ; de Brion, un buveur de bière tenant sa chope en main ; de Gluck, une bataille d'Inkermann ; d'Eugène

Panneau de Hamon au café de Fleurus.

Lambert, un chien dans une cuisine ; de Hamon, un ravissant petit tableau , un peu noir, un peu enfumé, *La lune opérant son évolution sur la terre* ; enfin, de Jean Aubert, *La Poule*, une femme nue sur un billard. Tandis que la femme de Hamon, sautant à la corde, constitue un charmant morceau de décoration, ce dernier tableau est intéressant comme charge d'atelier,

BRASSERIE ALSACIENNE. — Dessin de COLL-TOC.

d'autant plus qu'il nous donne en caricature les portraits des principaux habitués du café de Fleurus[1].

Disons, pour bien caractériser cet établissement, qu'il n'avait point l'aspect baraque du cabaret Génin, mais bien plutôt l'apparence d'un paisible café de quartier. Il resta ainsi jusque vers 1874; à cette époque, son propriétaire étant mort, les tableaux qui l'ornaient furent vendus à l'hôtel Drouot.

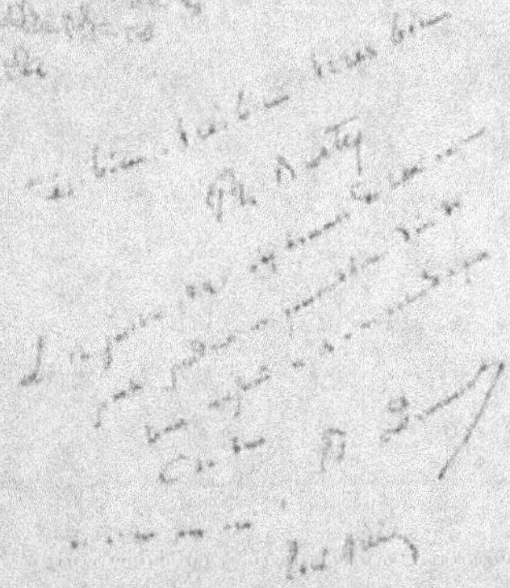

Page extraite de l'album de la « Brasserie Alsacienne ».

Un peu plus tard, c'est-à-dire en 1859, s'ouvrait rue Jacob le *Buffet Germanique*, appelé depuis *Brasserie Alsacienne*, et, plus communément, *Clarisse*, du petit nom de la patronne. Les habitués disent : *Allons chez Clarisse*. Si, aujour-

[1] Il est assez curieux de constater, à ce propos, que le sujet choisi par le peintre Aubert sera repris, par les caricaturistes de la Commune, pour l'Impératrice Eugénie.

d'hui, le public n'y est plus ce qu'il était, autrefois ; si les peintres ne sont plus les seuls maîtres et seigneurs du lieu, l'aspect de l'ensemble ne s'est point modifié. Non seulement les murs de la petite salle carrée donnant sur la rue sont couverts, comme jadis, de toiles signées de noms connus, Feyen-Perrin, Emile Breton, Eugène Perrin, mais encore des nouveaux, des célèbres de demain, sont venus s'ajouter aux anciens. La plus remarquée de ces pochades est la grande parodie de la Cène, auteur Feyen-Perrin, représentant — véritable blasphème d'artiste en belle humeur — le Christ en buveur de bière, les apôtres en goguette, la Madeleine en batifoleuse.

Mais artistes et poètes ne se sont pas contentés des quatre murs, il leur a fallu encore, pour épandre leur verve, leur soif de couleur et d'incohérence — toutes maladies de jeunesse qui passent bien trop vite — un album où les dessins aux légendes ultrafantaisistes, coudoient les autographes de maîtres.

Encore un établissement jadis célèbre et qui, maintenant, figure parmi les disparus, le café-restaurant Laffitte, rue Saint-Benoît puis rue Taranne, où venaient Gérôme, Boulanger, Hamon, Gallimard, Du Paty, Dantan, Harpignies, Decaen, Cormon, Feyen-Perrin, Poirson, Picou ; où se trouvaient également des peintures et des charges signées de ces différents noms.

Lui aussi, quelques années après la guerre, vit ses

PANNEAU DE DU PATY au restaurant Laffitte.

tableaux dispersés aux quatre vents des enchères, et les amateurs se les disputer chaudement. Si les vélocipédistes de Dantan sont un morceau amusant, l'esquisse de Du Paty, — la rue Taranne au moyen âge — est certainement une des bonnes compositions de ce peintre.

Partout où se trouvaient des colonies d'artistes, on était toujours sûr de rencontrer quelque café décoré. C'est ainsi que rue du Cherche-Midi, des tableaux de Defeaux ornèrent les murs d'un estaminet.

Une chose a lieu de surprendre, c'est que Courbet, l'hôte assidu des brasseries, le client de chez Andler et de Mlle Louise — prononcez *Luisse* — n'ait laissé aucune trace de son passage dans ces divers établissements. Cela paraît surtout extraordinaire quand on sait que, comme Kaulbach avec le marc de café, il aimait à dessiner sur la table de la brasserie, avec la bière prise en plongeant le poing dans sa cannette.

Le mouvement artistique se trouvait, en quelque sorte, localisé de l'autre côté de l'eau, le quartier Latin jouissant encore, à cette époque, d'une influence incontestée. — Cependant, des coins plus ou moins célèbres s'étaient ouverts sur la rive droite, fréquentés surtout par des hommes de lettres; rue Croix-des-Petits-Champs, la brasserie Muller tenue par un cousin du célèbre auteur de la *Mionnette*; rue Bréda, le cabaret Dinochau, où la charge du patron, ce fameux *restaurateur des lettres*, se pavanait sur la muraille, fusinée par Carjat, sous la forme d'une bouteille, avec la légende : *Eh bien ! quand la débouche-t-on?* ; boulevard des Poissonniers, le cabaret Krautheimer dont le mur du fond, peint à fresque, représentait le Rhin avec une scène à la Auerbach, sur la rive droite : une famille de bons bourgeois festinant joyeusement sous une tonnelle couverte de pampre et de houblon.

Au reste, la décoration semblait être alors un besoin, dans les cafés corrects comme dans les caboulots les plus infimes. Tandis qu'au café Talma l'on voyait, toujours à la même place, le portrait du célèbre acteur ; tandis que les cabinets particuliers de Hill's Taverne portaient sur le haut de leur porte les portraits des grands hommes, des grands poètes, anglais, espagnols, français, allemands, italiens, — singulière idée pour le public qui les fréquente — la *Laiterie du Paradoxe* essayait d'égayer ses murs par de vulgaires Epinals qui ne semblaient pas s'amuser outre mesure dans leurs cadres en bois peint, et le cabaret du *Lapin blanc* cachait la saleté et la misère des siens sous des images appropriées au lieu : scènes des *Mystères de Paris*, charges de journaux populaires, portraits de représentants du peuple, et même, le buste de Brutus avec des lunettes et un chapeau de jardinier.

Dans les brasseries affluant, de toutes parts, depuis l'exposition de 1867, qui introduisit dans la consommation parisienne les bières de Vienne, trônait — surtout dans les petites brasseries, — un Gambrinus quelconque en bois peint ou en chromolithographie,

CROQUIS de H. Pille sur l'Album de la « Brasserie alsacienne ».

Course de vélocipède chez les Grecs

toujours haut en couleur et invariablement planté sûr
son tonneau. C'était le signe distinctif de l'établissement, son enseigne parlante, si l'on peut s'exprimer
ainsi pour une affiche intérieure.

Tout cela indiquait bien que nous entrions dans
une époque nouvelle où le café, le cabaret, la brasserie,
allaient demander autre chose que les enluminures, les
peinturlurages, la décoration criarde, en un mot, et
toujours uniforme, du second Empire.

Si l'on voulait suivre dans ses détails, la fantaisie
exubérante des artistes, il faudrait sortir de Paris,
entrer chez la mère Sense à Fontenay-aux-Roses, au
cabaret du *Coup du Milieu*, ou dans les pintes de Mar-
lotte, de Barbizon, de Cernay, dont les murs dispa-
raissaient sous des couches de couleurs fantaisistes,
mais ce serait pousser trop loin cette étude dont le

Frise de Dantan au café Laffitte.

but a été surtout d'esquisser la physionomie des établissements qui ont précédé les tavernes richement
décorées de nos jours, grandes boîtes montées par
actions, aux dividendes égalant quelquefois ceux des
affaires les plus sérieuses.

Disparu le cabaret de Cernay avec ses tableaux de
Jules Hérault, de Breton, de Yundt; disparue, ou tout
au moins transformée, l'antique auberge du père
Gaune à Barbizon, avec sa vieille et curieuse décoration. Les peintures en ont été vendues, les caricatures
badigeonnées. Par les personnalités qui les fréquen-
taient, ces cabarets agrestes ont joué un véritable rôle
dans l'histoire de l'art[1]. Aujourd'hui, toute cette fan-

[1] Voir, pour plus de détails, le beau livre de M. René Ménard,
Géographie artistique ou *le Monde vu par les artistes*, publié chez
Delagrave.

taisie n'est plus de mise : ceci a tué cela ; le bourgeoisisme a étouffé l'art libre.

Les croquis que j'ai pu me procurer non sans peine,
— la plupart de ces panneaux décoratifs ayant été vendus ou ayant disparu, sans laisser trace sur leurs murs
d'autrefois — en disent plus que toutes les descriptions.
Ce sont autant de pages vivantes de l'art indépendant
et fantaisiste du second Empire qui peuvent être con-
sidérées, aujourd'hui, comme de véritables curiosités.

GRANDE PINTE. — Dessin de COLL-TOC.

III

LA BRASSERIE DEPUIS 1870

Après 1867, 1878 ; après la bière de Vienne, la bière de Munich. Ceux qui croient encore à l'utilité des Expositions universelles n'ont qu'à se souvenir des deux dates de l'invasion gambrinale. La première était venue avec son mobilier particulier, chaises cannées en bois courbe, petites tables en noyer poli, chopes basses et à anses ; la seconde fit de même. Après avoir pris, peu à peu, dans l'ancien café, une place dominante ; après avoir affiché à toutes les devantures des

Frises à la Brasserie Müller.

cartons, portant en grosses lettres : *Bière de Munich,*
Spatenbrau, *Löwenbrau*, ou des banderoles de calicot
avec l'inscription : *Salvator est arrivé* ; après avoir
inauguré le système allemand du tonneau mis en
perce dans la salle même, une salle aux murs nus,
laissant voir le blanc de la chaux, la brasserie, —
deuxième manière — a arboré hardiment les grands
panneaux peints, les petites frises historiées, les revêtements céramiques, les tapisseries décoratives.

Frises à la Brasserie Müller.

Boulevard Bonne-Nouvelle.

Rarement, ces établissements ont eu recours à l'enseigne, et jamais, en tout cas, à l'enseigne moyen âge se balançant au haut de son bras en fer forgé. Toujours ce furent des tableaux ou panneaux extérieurs, ayant trait, généralement, à quelque sujet de circonstance; *L'ami Fritz*, par exemple, ou *La ville de Strasbourg*, une femme étendue morte sur un champ de bataille, tandis que, dans le lointain, quatre enterreurs apportent un cercueil. Sous l'enseigne de

Boulevard Bonne-Nouvelle.

cette taverne alsacienne, ouverte après la guerre
et aujourd'hui disparue, se lisait : *Bière de Strasbourg*,
tant il est vrai que le calembour ne perd jamais
ses droits.

Boiseries vernies, laissant quelquefois une certaine
surface à des panneaux d'un intérêt artistique plus ou

moins grand, un Gambrinus la
chope en main, ou un petit
moine appuyé sur une immense
cannette, — personnages taillés
en bois et peints — souvent
encore, un tableau richement
encadré représentant sous des
couleurs éclatantes la brasserie
dont on sert la bière aux clients,
voilà l'établissement d'importa-
tion germanique. On peut voir
boulevard Bonne-Nouvelle, dans
un de ces établissements, de gen-
tilles petites frises, des amours
sur fond or, personnifiant en une
série de sujets, la bière et le vin : si cela est d'un
dessin un peu lourd, l'effet en est amusant et le tout
cadre bien avec la tonalité claire des boiseries.

Telle était donc la situation après 1878 : d'une
part, le café classique, aux dorures sur fond blanc,
aux plafonds peints, aux banquettes de velours rouge,
à l'aspect solennel, le café cherchant à se transfor-

mer pour lutter contre l'invasion gambrinale; d'autre part, la brasserie, différente comme aspect, comme genre de décoration, mais également sans style bien défini.

C'est à ce moment que s'ouvrit, au haut de la rue des Martyrs, *la Grande Pinte* se disant *taverne Henri IV*, et boulevard Sébastopol, la *Brasserie Flamande*. Le mouvement était donné, et comme d'emblée le public y vint en foule, il se développa rapidement.

Ces aménagements artistiques de salles à boire, ces restitutions historiques, plus ou moins fidèles, plus ou moins heureuses, sont encore un nouveau triomphe à enregistrer à l'actif du dieu Bibelot, ce dieu tout-puissant de notre modernité tourmentée, qui a soif de style et de couleur, peut-être parce qu'elle ne possède ni styles, ni couleur. C'est, en effet, le bibelot et le tableautin, venant de partout, et revêtant toutes les formes, qui se sont introduits en maîtres dans la brasserie. Boiseries mates, tentures, vitres plombées, meubles d'ancien style, en noyer, tels furent les éléments principaux de ces établissements d'une nouvelle espèce qui allaient amener la fabrication sur une grande échelle d'objets de contrebande destinés à l'ornementation; fabrique de vieux-neuf où figurent les étains gravés de la veille à la date de 1721, et les assiettes à fleurs, Rouen, Moustiers, Nevers, à la douzaine, sur commande.

LA DESCENTE DE MONTMARTRE

(Vitrail de la Taverne Montmartre.)

LA MONTÉE DE MONTMARTRE

(Vitrail de la Taverne Montmartre.)

Ce genre de brasseries que beaucoup de personnes, dans leur ignorance des styles, prennent pour des tavernes allemandes s'est, en quelques années, répandu dans tous les quartiers et la vitre plombée, oubliée par les générations précédentes, est presque redevenue à la mode. Il est vrai qu'à notre époque, on gâte les plus jolies choses, en voulant les copier, en sorte que, bientôt, l'on vit apparaître, en son lieu et place, de simples verres de couleurs, ou, ce qui est pire encore, ces affreuses imitations de vitraux qui n'imitent rien du tout. *Brasserie Flamande*, *Grande Pinte*, *Taverne Montmartre*, *Coq d'Or*, *Coq Rouge*, *Lyon Rouge*, tout cela a été aménagé d'après les mêmes principes et se ressemble, en somme, plus ou moins. Ici sont des faïences, là sont des panneaux peints ; ici sont des boiseries, et des tapisseries ; là, les murs utilisés comme exposition offrent au client un choix de peintures plus ou moins intéressantes ; ici les vitraux sont classiques ; là, dessinés par un jeune peintre très moderne, ils présentent une conception plus hardie.

Située en plein Paris vivant, la *Taverne Montmartre* est certainement la plus artistique de ces brasseries. Avec sa grande lanterne Louis XIII, avec ses vitraux, avec son enseigne courant le long des boiseries en lettres gothiques et dorées, comme s'il s'agissait d'un vieux missel, la devanture a l'aspect sobre et sévère. Les vitraux, dessinés et mis en plomb par M. Jules Avenet, reproduisent sous forme de médaillons, des personnages — chasseur, fumeur, cuisinier — empruntés aux estampes des XVIe et XVIIe siècles, tandis que deux grandes compositions en hauteur, représentent

la montée et la descente de Montmartre au moyen âge, sujet bien de circonstance dans une taverne située au bas de la montée montmartraise. A l'intérieur, les parois sont vêtues — qu'on me permette le mot — de belles et vieilles tapisseries de Bruxelles, verdures aux dessins naïfs montrant des oiseaux plus grands que les arbres, et des personnages qui, vu leur taille, n'ont certainement pas dû sortir des maisons placées derrière eux. Entre les panneaux en bois qui les entourent et le plafond aux poutres apparentes, égayé par un léger filet d'or, ces tapisseries font grand effet. Sur les panneaux, d'élégantes petites glaces à biseau, au cadre à fines colonnettes. Tables, chaises en cuir imitant le Cordoue, buffet, dressoirs, comptoirs, tout est dans le même style. Le grand comptoir, vrai chef-d'œuvre d'ébénisterie moderne, méritait, à ce titre, de prendre place ici. Et pour égayer, pour jeter une note plus chaude, plus brillante, sur cet ensemble quelque peu sombre, la céramique a été très habilement mêlée à l'ornementation générale : deux grandes plaques en faïence, cuites d'une seule pièce, représentent, l'une un bon Gambrinus flamand, à cheval sur un tonneau, la haute et mince chope belge à la main, l'autre une copie de la fameuse *Schützenlisle* de Fritz August Kaulbach, servante de brasserie munichoise, populaire dans toute l'Allemagne.

Ceci m'amène naturellement à la céramique et au rôle important qu'elle paraît appelée à jouer dans l'aménagement intérieur des établissements publics. Longtemps délaissé, cet art a repris quelque faveur depuis que nos architectes ont bien voulu accorder une petite place à la décoration. Parvillée, je l'ai dit en commençant, est celui qui a le plus fait pour le remettre

en honneur : s'inspirant des Orientaux, des Per-
sans principalement, il a
introduit des couleurs
nouvelles, des procédés
nouveaux, et, grâce à lui,
les carreaux de revête-
ment sont venus décorer
les murs des brasseries,
des cafés, des restaurants.
Entourés de boiseries et
de glaces, ces carreaux
produisent un charmant
effet : ils ont en outre
l'immense avantage d'ê-
tre toujours propres,
qualité qui est bien à
considérer ici.

Rue Montmartre, rue
de l'Échelle, rue Halévy,
rue Montorgueil, place
de la Bourse, on peut
voir le brillant coloris,
la chaude palette, en un
mot, de la céramique Par-
villée qui, ne visant pas
à la composition, ni à la
figure, se contente de la
partie purement orne-

UN COIN AU RESTAURANT CATELAIN

Dessin de FERNAND FAU.

LE TABAC

Faïence décorative de PARVILLÉE.

Détail d'un des panneaux qui se trouvent dans l'établissement ci-contre, où ils alternent avec des glaces dans lesquelles ils se répètent à l'infini. Rosier, vigne, dattier, thé, café, tabac, houblon, toutes les fleurs et tous les arbustes, indigènes ou exotiques, en ont fourni les motifs.

mentale ! Mais que de choses, dans ce domaine, quand
on a la plante et la fleur : les grands panneaux de chez
Catelain, représentant le tabac, le café, la vigne, le thé,
— médaillons ronds entourés de plantes montantes
— nous montrent ce qu'on peut ainsi obtenir.

Voilà donc une série d'établissements dans lesquels
la céramique, employée comme revêtement et comme
carrelage, occupe, à la satisfaction générale, la plus
grande place ; mais ornement simple et de bon goût,
elle ne devait pas suffire aux tendances actuelles, por-
tées vers les excentricités en tous genres.

Tandis que la génération précédente avait été tra-
vaillée de la maladie du moyen âge, dans la littérature
et dans le costume, notre époque cherchait en effet,
depuis longtemps, un moyen de donner libre cours à
sa fantaisie dans l'ordre architectural et décoratif. Après
ces premiers essais de taverne, vint donc une restitution complète de l'ancienne hôtellerie, entreprise par
un homme réunissant les deux qualités nécessaires
pour toute affaire de ce genre, la fortune et le goût :
je veux parler de M. Régnard propriétaire d'un des
plus anciens hôtels de Paris, qui avait déjà contribué
quelque peu à la création de la *Grande Pinte.*

Ici, nous nous trouvons vis-à-vis d'une œuvre réellement artistique, conduite avec intelligence, dans l'intention bien arrêtée de produire un petit bijou de décoration qui ne fut pas seulement la restitution d'un
ancien cabaret français, mais qui put encore donner

l'idée complète d'un intérieur d'autrefois. Ici, si l'on
doit admirer l'ensemble, il ne faudrait point pour cela

Comptoir de la taverne Montmartre.

perdre de vue aucun des détails, car la Renaissance
française, et quelque peu la Renaissance italienne, ont
fourni leurs plus beaux spécimens. La façade sculptée

est en pur style Henri II : la devanture et le portique rappellent
une vieille maison de la rue
Saint-Pol détruite en 1836, et
les grandes baies aux vitraux
écussonnés sont entourées de
panneaux, qui constituent autant
de merveilles de la sculpture sur
bois. Quant aux lanternes, co-
piées sur celles du palais Doria à
Gênes, elles font grand effet. A
l'intérieur, si les styles ont été un
peu mélangés, on ne saurait s'en
plaindre : escalier à rampes sculptées, plafond du vieux château
d'Ancy-le-Franc, plafond à solives apparentes, tapisseries des Gobelins aux personnages de haute sta-
ture, vieux meubles, buffets, dressoirs aux ferrures
peintes, aux lambrequins écussonnés, c'est en somme
un véritable petit musée artistique. Tout ce qui n'est

CABARET DU LYON D'OR. (Détail de la porte.)

CABARET DU LYON D'OR. (Façade.)

pas ancien a été
copié sur des mo-
dèles empruntés à
Cluny ou à d'autres collections célèbres ;
tel est le cas pour les chaises et pour
les accessoires du service : verrerie, linge,
argenterie. Grâce à l'originalité de l'ameu-
blement, de l'arrangement intérieur, on
pourrait se croire dans un appartement moyen âge, et
même à cet ancien cabaret que Pille et Serin ont fait
revivre d'une façon si pittoresque dans leurs dessins
pour les annonces et les menus du nouveau *Lyon d'Or*.

S'adressant à une clientèle riche, douée de certaines
notions artistiques et ennemie du clinquant de mauvais
aloi, le cabaret, ouvert en avril 1880, n'a pas cessé,

depuis lors, d'attirer les curieux. On peut dire qu'il
a doté Paris d'un établissement qui lui manquait,
surtout si l'on tient compte des magnifiques hôtelleries
que l'étranger, la Russie, l'Allemagne et la Suisse principalement, nous offrent dans cet ordre d'idées. L'hôtel des Trois Rois à Bâle, l'hôtel de la chute du Rhin
à Laufen, avec leurs peintures décoratives, leurs boiseries sculptées, leurs meubles anciens, appartiennent,
en effet, aux plus beaux spécimens qui se puissent
voir en Europe.

Ainsi, tandis que les brasseries ornées de tapisseries
ou de céramique représentaient le style flamand et
l'un des côtés les plus personnels de l'art industriel français, le *Lyon d'Or* et la *Grande Pinte* ouvraient la voie
aux restitutions anciennes. A la brasserie d'origine germanique, on opposa alors le cabaret français, cabaret de
lettres et de peinture à la bière, puis la vieille auberge
de province, normande ou bretonne. Cabaret et auberge, malgré leur vernis artistique et littéraire, furent
et sont restés avant tout une spéculation de premier
ordre, ce qu'on appelle en argot boursicotier, un pla-
cement de père de famille. Des... artistes, des... acteurs, des... auteurs dramatiques, des... tout ce qu'on
voudra, imitant le seigneur féodal qui vendait sur ses
terres à *pot renversé*, se firent... *mastroquets*, et poussèrent
la condescendance jusqu'à se montrer, eux-mêmes, en
personne à leur clientèle; jusqu'à servir, comme le dernier des limonadiers, des *blondes*, des *brunes*, des *élé-*

gants, des *confortables*[1], au bon bourgeois flatté de tant d'aménité et de tant de simplicité.

La bière est exécrable quoique... venant de *Montmerte*; les consommations sont frelatées... peu importe! Le cabaret n'est-il pas fréquenté par tous ceux qui se sont sacrés grands hommes en petit comité secret; il est si littéraire, si artistique, si musical! On y entend réciter des vers tellement profonds qu'il faut être un initié pour y comprendre quelque chose; on y admire de la peinture tellement intentionnelle qu'on peut croire le dessin oublié dans la poche de son auteur, et on y tape si vigoureusement le chaudron avec les refrains macabres ou orduriers que le gros public se figure avoir entendu du Baudelaire (*sic*).

O naïf bourgeois, salue le nouveau dieu du jour, la *Fumisterie*, cette franc-maçonnerie des gentilshommes-cabaretiers, qui bat la grosse caisse sur le dos de Raphaël et cherche, chaque jour, quelque nouveau truc pour vider ton escarcelle.

Après l'appeau artistico-incohérent allant du *Chat Noir* au *Cabaret des Assassins*, «l'une des choses les plus stupéfiantes de Paris — je copie textuellement l'annonce que j'ai sous les yeux — où gentilshommes et bourgeois allaient boire des vins extraordinaires accompagnés de mets bizarres, sur le cadavre de l'amiral

---

[1] Noms qui ont été donnés au bock, ces dernières années, dans plusieurs brasseries.

Coligny », après cela, dis-je, vint l'appel artistico-pornographique. S'ouvrirent, alors, les tavernes genre *Truie qui file* avec des suites de tableaux plus ou moins légers, plus ou moins orduriers.

Et comme nous sommes dans un siècle pratique, où le cœur, l'honneur, l'amitié, sont considérés comme autant de titres dépréciés ; comme le mot d'ordre est : *argent, messieurs, argent, avant tout !* on spécula, par la brasserie, sur les passions humaines, on ridiculisa, on salit, on traîna dans la boue, tout ce qui n'avait pas les sympathies des nouvelles couches sociales. En attendant l'ouverture de l'*Abbaye de Thélèmes*, défendue, autorisée, *reautorisée redéfendue*, on peut voir au boulevard Rochechouart un infime cabaret ayant l'apparence d'une cellule, où de mauvaises peintures représentent les péchés capitaux personnifiés par des moines, quelque chose comme de la chromolithographie murale.

Le port des costumes officiels, ou reconnus par l'État, défendu en temps de carnaval, fut toléré dans la brasserie, et cette mascarade quotidienne devint encore un nouveau moyen d'attraction.

Au reste, derrière la brasserie costumée apparaissait la brasserie à femmes, la dernière incarnation dont il me reste à parler.

Les brasseries servies par des femmes en costumes sont loin d'être une nouveauté : à plusieurs reprises on en vit s'ouvrir, notamment aux époques d'Expositions universelles. Tantôt tolérées, tantôt prohibées, aujourd'hui elles semblent être définitivement permises. Le genre fleurit un peu partout, mais paraît devoir s'étaler de préférence dans les quartiers qui s'étendent du faubourg Saint-Martin à la Bastille. Rue de Turbigo, boulevard du Temple, boulevard Beaumarchais, boulevard Voltaire, aux alentours du Château d'Eau ; on en trouve là de toutes espèces. *Brasserie Turgot* « la reine des brasseries » suivant le prospectus que je reproduis ici, *Brasserie du Gil Blas*, *Brasserie Suisse*, *Brasserie Voltaire*, *Cabaret de François*

les Bas Bleus, *Auberge du Chat Blanc*, *Brasserie des Deux Pavillons*, *Au village d'Albouy*, *Brasserie de la Lune*, autant d'établissements, décorés ou non, où les femmes sont plus ou moins en travesti. Prenons au hasard.

Sur le prospectus de l'*Auberge du Chat Blanc*, située faubourg Saint-Denis, au bas d'un hôtel borgne, je lis :

« A partir du 25 décembre, personnel costumé extra v'LAN en chaperon rouge et chat blanc ».

Sur celui de la *Brasserie des deux Pavillons*, qui s'est payé le luxe d'une succursale tout comme un établissement de crédit, on peut lire : « L'une de ces maisons représente la belle époque de François Ier, et l'autre

SAMEDI 23 AOUT 1885

GRANDE OUVERTURE

DU

LAPIN POSEUR

4, RUE DES DAMES, 4

Surtout pas de Lapins

Paris. Imp. Leclercq, 25 à 27, rue Drouot

est remarquable par sa richesse, son élégance et sa bonne tenue.

« Avis. — Le service est fait par des dames vêtues aux modes historiques du XVIe siècle. *Parmi ces costumes, tous très remarquables* — c'est toujours le prospectus qui parle — il y a des Hollandaises, Italiennes, Espagnoles, Circassiennes. » Or, notez ceci ; en fait de pavillons, vous ne trouverez que des femmes en matelots, *aux pavillons différents.* Pour que la *fumisterie* des brasseries fût complète il fallait que le calembour se mît de la partie. Maintenant plus rien n'y manque.

Enfin, le comble c'est la *Brasserie des Reines de France* ouverte rue de Bretagne, sans doute pour faire concurrence à l'établissement du citoyen Lisbonne dont il

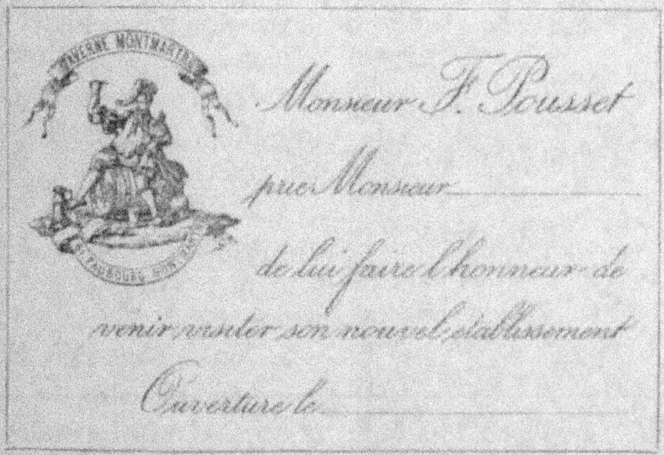

sera question plus loin. Les servantes devant se costumer à leurs frais, on voit d'ici la course à la toilette qui se produit parmi toutes ces filles de bas étage, se disputant à qui fera Anne de Bretagne ou Catherine de Médicis.

Au reste, dans un certain monde, la brasserie règne et gouverne : au mardi-gras elle promène triomphalement sur un char des déesses travesties ; au 14 juillet elle les habille dans les plis du drapeau français et fait des largesses au peuple. Elle rédige des programmes qu'elle affiche sur les murs, des proclamations où les insanités politiques coudoient la réclame pour la meilleure bière ; elle lance des invitations à la presse, elle distribue des prospectus dans les rues, elle a eu des journaux qui donnaient des détails intimes sur tout le personnel gambrinal, elle s'est lancée dans l'illustration. Que ne fera-t-elle pas demain ?

Tout cela nous a quelque peu éloigné de la décoration ; revenons donc à notre sujet.

Si l'on en excepte quelques établissements aménagés avec goût, avec intelligence, qu'est-il sorti de cette orgie décorative ? Au milieu des bars anglo-américains, des débits de liqueurs luxueux, des *bodega* espagnols éternellement rouges et jaunes, aux petits tonneaux en chêne bien ciré, aux flacons à gros ventre avec leurs étiquettes écussonnées, a-t-il surgi, une restitution portant ce cachet réellement français qu'on voudrait donner à la brasserie, pour la débarrasser des

PANNEAU POUR UNE BRASSERIE DE LA CARICATURE

Dessin de Coll-Toc.

imitations flamandes ou germaniques? Telle est la question qu'il faut poser et que je vais essayer de résoudre. *Le Lyon d'Or, la Grande Pinte, le Chat Noir, l'Auberge des Adrets*, voilà, parmi les établissements français, ceux qui, répondant à des publics divers, ont eu des intentions décoratives. J'ai dit que le premier était un chef-d'œuvre de bon goût, mais une chose m'étonne, c'est que dans le pays du Rococo, personne n'ait encore songé à ce qui existe déjà au dehors, à Munich par exemple, c'est-à-dire à un établissement entièrement conçu dans ce style qui, avec ses bois vernis, blanc, bleu, rouge, avec ses filets, avec ses rocailles, prête si bien à la décoration.

Le cabaret François Ier, Henri II, Louis XIII, tout cela est bien, ou plutôt serait bien, si la plupart des restitutions qui en ont été essayées, n'étaient pas aussi fantaisistes ; mais enfin, le Louis XV pourrait aussi avoir sa place. Voici, du reste, qu'on sort le Directoire, et sans doute le Napoléon Ier va revenir à son tour. Toutefois ces aménagements de brocanteurs ne me disent rien qui vaille, parce qu'ils sentent la spéculation hâtive, parce qu'ils sont faits sans discernement, sans but autre que de soutirer à la curiosité publique quelques billets de mille francs, avec lesquels on ira immédiatement ouvrir autre chose dans un autre quartier.

Nous sommes, je le sais, dans un moment de fièvre qui frise de bien près la folie, et nous restons à côté de la question, parce que, au lieu de partir des classes élevées, au lieu de venir de ceux qui ont l'éducation et le sens esthétique, le mouvement, à quelques exceptions près, est parti d'en bas. Nous ouvrons caboulots sur caboulots — le vrai nom qui convient à ces établissements — nous entassons excentricités sur excentricités, mais, en somme, nous ne créons rien, parce que ce qu'il faudrait, avant tout, ce sont des peintres décorateurs, des artistes savants à l'esprit assez indépendant, assez fantaisiste, pour sortir du poncif sans tomber dans la pornographie.

Une seule chose a été restituée, et il faut s'en féliciter, en espérant qu'elle reprendra une certaine place dans nos modernes intérieurs, malheureusement si resserrés, c'est la cheminée, la belle, grande et vieille cheminée française qui, si elle ne se faisait pas remarquer par l'excellence de son tirage, brillait par ses proportions monumentales et par la richesse de son architecture. Disons bien vite qu'on peut construire dans les mêmes conditions tout en obtenant des cheminées convenablement établies. Il ne faudrait donc pas se contenter de cheminées postiches, placées là pour l'œil, mais, au contraire, l'on devrait, soit avec les bois sculptés, soit avec la céramique, essayer de constituer quelque chose qui fut, pour nous, comme le grand poêle à catelles ornées des Allemands.

Auberges campagnardes, je veux bien, à la condition toutefois qu'on ne se figure pas avoir restitué un cabaret villageois, parce qu'on aura planté quelques bosquets, quelques tonnelles en chambre, avec des sujets rustiques peints au savon sur des glaces.

Ferme normande, avec des instruments aratoires et un mauvais buffet campagnard, disloqué, soit. Tout cela ne fait ni bien ni mal.

Mais après, où allons-nous ?

Les spéculateurs en insanités qui viennent de nous donner l'*Auberge des Apothicaires* avec des garçons Thomas Diafoirus portant en bandoulière l'instrument illustré par Molière, préparent sans doute pour demain l'*Auberge des Chiffonniers*, *des Bergers*, *l'Auberge des Gardes françaises*, *l'Auberge des provinces de France*, *le Cabaret du Roi-Soleil*, *le Cabaret Pompadour*, *le Cabaret des Dames de la Halle*, qui appelle son pendant… autant de bons titres que je leur donne sans réclamer nul droit d'auteur.

De leur coté, les spéculateurs en scandales publics chercheront à nous doter de nouveaux établissements dont le besoin se faisait réellement sentir : *Brasserie du Gros Numéro*, — nous l'eûmes, déjà, m'a-t-on dit, sous le titre de *l'As de pique* — *Brasserie de la Guillotine*, avec représentations publiques pour faire trembler les réactionnaires et rassurer les assassins, *Brasserie de la Calotte*, *Brasserie de la Présidence*, *Brasserie Bismarck*, *Brasserie du N° 100*, *Brasserie des Sans-Culottes*, servie par des femmes, *Brasserie Marchandon*, *Brasserie des Graciés*, que sais-je encore ! Les amateurs ont le choix.

Eh bien ! puisqu'il est dit que tout cela doit aboutir au ruisseau ; puisque de *Truie qui file* en *Truie qui file* nous devons tomber aux insanités que repousseraient les pensionnaires de Sainte-Anne, et aux ordures dont les cochons eux-mêmes ne voudraient pas, j'appelle à nouveau de tous mes vœux *la Brasserie des Gens Propres*. C'est un titre et c'est un drapeau en même temps. Bière contre bière ; public contre public.

La décoration, elle n'est pas tant, comme on semble le croire, dans des restitutions toujours identiques, ou dans des excentricités de mauvais aloi. La brasserie ornée de tapisseries est bien ; mais il y a autre chose, et je souhaite que ceux qui parcourront ce volume le comprennent, en voyant les luxueux et sérieux éta-blissements — j'insiste sur ce mot — de l'étranger.

Ouvrez un café turc, un café japonais, établissez aux quatre coins de Paris, comme en pleine Exposition universelle, des tavernes prises dans les quatre parties du monde. C'est bien usé, quoique avec cela on puisse encore, cependant, faire du décor amusant.

Mais, pour Dieu, si vous comprenez quelque chose à la question actuelle, ornez la brasserie de fresques, de peintures murales. Depuis les choses particulières à la bière jusqu'aux grandes compositions, le champ est vaste. L'établissement qui ferait retracer sur ses murs l'histoire du cabaret, dans tous les pays, à toutes les époques, donnerait à la fois un ensemble pitto-resque et instructif. Quel petit bijou produirait une

salle ornée de peintures rococo; quel amusement ce
serait pour le public de voir des séries de buveurs
depuis les Téniers jusqu'au *Bon-Bock* de Manet! Le
vin, la bière, tous les accessoires du service peuvent
fournir la matière de frises toujours originales, et si
vous voulez vous restreindre à l'étude des types, que
d'amusantes histoires en images! Une fresque à la
Caran d'Ache cela serait plus drôle que vous ne pensez!

Et voyez comme le domaine est étendu : le *café du
Théâtre* peut retracer sur ses murs l'histoire de notre
théâtre; le *café des Négociants*, l'histoire du commerce;
le *café Mazarin* l'histoire du cardinal; le *café Américain*, des scènes de la vie du nouveau monde, des flir-
tations électriques qui seraient fort bien de mise en cet
endroit; le *café de l'Opéra*, des vues et des sujets de
l'Académie nationale. Au *café de la Paix*, il y a place
pour une magnifique composition décorative; au *café
Molière*, au *café Racine*, quelles merveilleuses illustrations murales. *Café des Pyramides, café de Suède, café de
Madrid, café des Mousquetaires, café de Mulhouse, café
Henri IV, café Grétry*, autant de décorations qui se con-
çoivent d'emblée et qui expliqueraient au moins des
titres qui n'ont pas toujours grande raison d'être!

Mais laissons le café et revenons à la brasserie.
Puisque la bière est en passe de devenir une boisson
française, élevons à Gambrinus un temple digne de
lui, où il ne trône pas seulement sur son tonneau.

L'avenir de la peinture moderne, que les artistes en

soient bien persuadés, est dans la décoration des grands établissements, publics et privés. L'État commence à le comprendre en faisant orner les salles de ses mairies et de ses écoles; les compagnies de chemins de fer, espérons-le, vont se mettre dans le mouvement avec leurs nouvelles gares; à leur tour les propriétaires des grands cafés qui dépensent en dorures, en plafonds peinturlurés, en ornements de mauvais goût, de grosses sommes, ne voudront pas rester en arrière et suivront l'exemple que leur a donné le créateur du *Lyon d'Or*.

Ainsi se transformera l'ancien café banal, ainsi se retrouvera un style français, aussi éloigné des vitres plombées — les brasseries de la rue de Rivoli nous prouvent qu'on peut traiter le vitrail d'une façon toute moderne et nullement germanique — que des travestissements ridicules et des ordures picturales qui ne doivent provoquer que des hoquets de dégoût.

MONOGRAPHIES

DES

PRINCIPALES BRASSERIES

DE PARIS

Chat Noir. — Auberge des Adrets. — Château d'If. — Cigogne. —
Brasserie de l'Enfer. — Truie qui file. — Taverne du Lapin. —
Rat Mort. — Auberge du Clou. — Tambourin. — Mirliton. —
Taverne de l'Elysée. — Taverne du Bagne. — Plus Grand Bock.
— Café des Pierrots. — Palette d'Or. — Divan Japonais, etc...
— Brasseries du Quartier Latin. — Le Père Lunette.

I

Ce n'est plus
l'ancien *Chat Noir*
du boulevard Ro-
chechouart, moi-
tié bohème, moitié
populacier, cabaret
excentrique où se passèrent
maints hauts faits d'arme,
où rapins et gens de plume
aimaient à se gausser du bon bourgeois. C'est, maintenant, un hôtel particulier où le gentilhomme-caba-
retier Salis, ex-peintre montmartrais, donne à boire
et à manger, où se rédigent les élucubrations *chat-
noiresques* (*sic*) destinées à l'ancien organe des intérêts
de Montmartre, où, deux fois par semaine, s'il vous

plait, les mercredis et vendredis, ont lieu des soirées littéraires et musicales suivies avec assiduité par les illustrations du monde entier. Le grand-duc héritier de Russie, et le prince de Galles, lui-même,..... mais ne dévoilons pas les secrets d'État.

Donc, en quittant le boulevard extérieur pour ce petit recoin coquet de la rue de Laval, le *Chat Noir* s'est transformé de vulgaire caboulot en cabaret luxueux, et disons-le, la maison, quoiqu'un peu étouffée, dans sa note sombre, au milieu des hautes et blanches constructions bourgeoises qui l'enserrent, a un cachet vraiment artistique. La lanterne en fer forgé, la grille, les bois brunis de la façade, la grande baie avec son vitrail, tout cela a grand air.

Quant au maître de céans, il est rue de Laval ce qu'il était boulevard Rochechouart, le rapin bon enfant qui a su élever la fumisterie à la hauteur d'une institution, tout en s'en faisant de belles et bonnes rentes. Jamais cette particularité de son génie n'a été mieux appréciée que dans l'annonce suivante publiée ès-colonnes de son propre journal et relative au *Chat Noir*, première manière :

LA FAÇADE DE L'ANCIEN « CHAT NOIR »

BOULEVARD ROCHECHOUART

Composition de STEINLEN (extraite du journal : Le Chat Noir).

« Le cabaret du Chat Noir est une création unique au monde ; sis en plein Montmartre, la capitale moderne de l'esprit, ce cabaret est le rendez-vous des poètes, des peintres, des sculpteurs les plus célèbres ; c'est chose absolument curieuse du style Louis XIII le plus pur.

« Fondé en 1114 par un fumiste. »

Si le *Chat Noir* n'use plus de la réclame abracadabrante d'autrefois, s'il n'engage plus les illustres

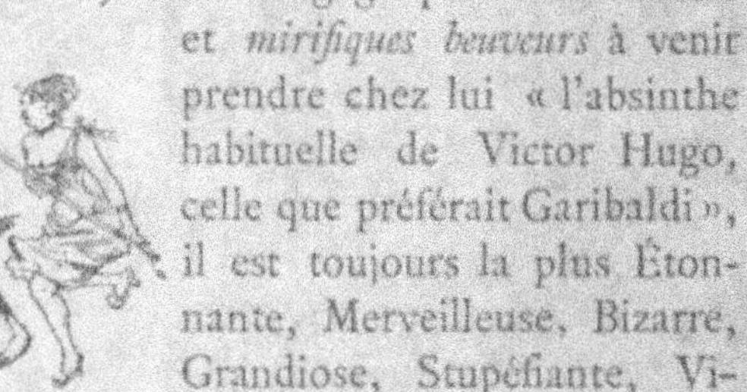

et *mirifiques beuveurs* à venir prendre chez lui « l'absinthe habituelle de Victor Hugo, celle que préférait Garibaldi », il est toujours la plus Étonnante, Merveilleuse, Bizarre, Grandiose, Stupéfiante, Vibrante Création, — avec autant de lettres majuscules — des siècles écroulés sous la Faux du Temps (*sic*) ; on peut y voir, toujours, les verres dont se servaient Charlemagne, Villon, Rabelais, le cardinal de Richelieu, Mme de Rambouillet, Louis XIV, Mme de la Vallière, Voltaire, Diderot, Robespierre, Bonaparte, Mme de Staël, Baudelaire, Baour-Lormian, George Sand ; on peut y contempler, toujours, la lyre de Victor Hugo, et le luth sonore de Charles Pitou et de Clovis Hugues, poète grêlé. Curiosités artistiques et historiques, qui constituent, assurément, les pièces les plus rares du « Musée de la Fumisterie » (lettre majuscule).

INTÉRIEUR DU CHAT NOIR. — Dessin de Fernand Fau.

DÉCORATIONS AU « CHAT NOIR ». — Dessin de F. FAU.

Les armoiries qui figurent sur l'écran sont celles du papier à lettres du « Chat Noir ».

le dire — le *Chat Noir* est, certes, le plus artistique-
ment aménagé des cabarets de cette espèce. Si l'on
veut bien laisser de côté le suisse Bel-Ami, baissant ou
levant la herse suivant les circonstances, les garçons
académiciens du bock, et les sous-préfets vendeurs de
journaux, en un mot tout le côté puffisme et fumisterie, on n'aura que des éloges à adresser à l'organisa-
teur de ce charmant petit hôtel où tout est intéressant,
où tout mérite d'être vu.

Le grand décorateur de la salle commune, ce que nos
ancêtres appelaient l'étuve, c'est Willette, un jeune
plein d'audaces, plein de mépris pour la ligne, pour le
style, se plaisant dans les compositions nuageuses,
dans les fantaisies picturales au contour indécis et
comme enveloppées d'une sorte de gaze nuageuse.
Son triomphe, pour ne pas dire sa chose, c'est Pierrot,
Pierrot qu'il cherche à faire revivre sous une forme
nouvelle, Pierrot philosophe et quelque peu fantastique tout à la fois, qui lui a fourni la matière de si
charmantes compositions. *Les oiseaux meurent les pattes
en l'air* — une cocotte étendue dans la neige au-dessous des moulins de Montmartre, dans la position
d'un simple pierrot, tandis qu'un immense chat noir
montre sa tête au haut de la colline — et *Sacré cœur* —
une cocotte dégrafant son corsage et mettant à nu la
pièce de cent sous qui lui tient lieu de cœur tandis que,
dans le fond, on voit l'amour en croix — sont deux
sujets interprétés d'une façon très originale et avec

VITRAIL DU « CHAT NOIR ». — Dessin de F. Fau d'après Willette.

beaucoup d'humour, cette qualité d'origine germanique qui tend à s'implanter chez nous. Peintre
toujours spirituel du Pierrot et souvent amusant du
chat, Willette est le créateur d'un type de femme en
bois, comme engoncée dans ses jupes, au mouvement guindé, aux éternels bas noirs et aux non
moins éternels souliers découverts : encore une note
nouvelle, et une peinture assez exacte de la femme à
cabarets que lui et les jeunes aiment à nous représenter en pantalon et en corset. Pierrot, le chat, et cette
espèce de femme sont les personnages obligés de tout
tableau de Willette, comme le moulin de la Galette en
est le décor forcé.

Donc, sur les murs de ce modèle des cabarets artistiques sont quatre tableaux de Willette présentant les
trois taches que l'artiste emploie comme autant de
tire-l'œil, le blanc des pierrots, le noir des chats,
le rosé des chairs féminines. Et comme ils ne se peuvent
décrire avec plus de détails, disons qu'ils représentent
des femmes nues accrochées par la chemise au moulin
de la Galette ; une servante apportant un chat à de
nobles seigneurs venus à l'auberge du *Chat Noir* ; *Pour
le roi de Prusse*, la Mort sur un cheval fantastique, avec
des régiments de soldats marchant derrière elle ; enfin
le *Parce Domine populo tuo*, immense défilé de femmes
et de pierrots, à pied, en voiture, et même en omnibus,
tandis que la Mort montre sa figure railleuse au travers
de la brume des nuages.

ENFIN! VOILA LE CHOLÉRA! — Dessin de WILLETTE
dans le « Chat Noir ».

C'est Willette qui a exécuté le carton du vitrail de la grande baie, *Te Deum laudamus*, au premier plan un chef d'orchestre, vu de dos, tandis que, sur le devant, apparaît la divinité du jour Fortuna, sous les traits du veau d'or Israël, entourée de la Virginité, du Pouvoir, de la Poésie, et des prolétaires criant : Du pain ou la mort ! Ce vitrail, curieux mélange de souvenirs, d'ornements classiques et de conceptions modernes, est d'un assez grand effet.

Après Willette, véritable gamin de Paris de l'art, esprit essentiellement français, malgré sa tendance au vague, au nuageux, vient Steinlen, ayant plus de science, apportant dans ses études plus d'observation, s'étant fait une spécialité du chat, comme Willette du Pierrot. Il figure, ici, avec une grande composition : *les chats de Paris se rendant en bande au « Chat Noir »*, sabbat de la race féline, où le noir, le blanc et le gris sont très habilement jetés. Cette sorte de marée montante de petits tigres en chambre, cette véritable poussée de chats est d'un effet fort pittoresque : la montée est bien un peu confuse et l'on voudrait voir un chat noir plus vigoureusement accentué comme point terminus, mais ce sont là des détails auxquels il ne faut pas trop s'arrêter, l'ensemble dans un panneau décoratif étant la partie principale.

A cela il faut ajouter les études d'oiseaux et autres personnages de la race à plumes, signées Méry, que ses camarades ont appelé le Daumier de la gent ailée, sans

LES CHATS DE MONTMARTRE SE RENDANT AU «CHAT NOIR».

Dessin de F. Fau d'après la peinture décorative de STEINLEN.

doute à cause de l'humour, de l'esprit, semés à profu-
sion dans ses pochades, puis une série de portraits-

Salis   Goudeau   Willette

charges de quelques célébrités artistiques et littéraires
de l'établissement : « Les grands hommes du *Chat Noir*
s. v. p. » ayant figuré à l'exposition des « Arts incohé-

Jules Jouy   Rivière   Somm

rents », auteur, suivant le catalogue de ladite, Antonio
Gandara, Espagnol des Batignolles, peintre en vitriol,
et élève d'Aurélien Scholl.

UN COIN DU «CHAT NOIR». — Dessin de F. Fau.

Voilà pour le cabaret proprement dit auquel ne manquent ni la cheminée monumentale, ni les chaises en bois brut, ni les ornements de toutes sortes.

Le reste du logis, salles du premier et du second, — grandes et petites, — couloirs, escaliers, est, du haut en bas, décoré avec goût de tapisseries, de bois de ceris, d'estampes, de plusieurs dessins originaux du *Chat Noir* (journal), de portraits comme la belle pointe-sèche de Desboutin représentant l'artiste lui-même, aux traits aussi énergiques que la peinture, — homme d'honneur, peintre et graveur de race, — puis viennent les faïences décoratives, les étains, les statuettes peintes rappelant les bois enluminés du moyen âge.

Vous y verrez encore les portraits du maître et de la maîtresse du logis (pour les bons bourgeois, portrait de la marquise de X...), le beau tableau de Degas *les Danseuses*[1], des charges de peintures égyptiennes, un Puvis de Chavannes que les fumistes voudraient bien joindre à la liste des œuvres de cet artiste, une ébauche du dessinateur Rivière, une femme en déshabillé, et que sais-je encore, au milieu de tout ce fouillis artistique, de tout cet amoncellement pittoresque.

Amateurs de la couleur, allez au *Chat Noir*, vous trouverez amplement de quoi vous satisfaire. N'oubliez pas, non plus, que ce logis artistique, comme je le lis encore en une annonce provenant de l'administration

---

[1] Ce tableau n'y est plus à l'heure actuelle.

UN COIN DE CABARET. — Dessin de G. JEANNIOT.

elle-même, « offre à boire et à manger à tous gentilshommes de haut lieu et de bonnes manières en la
compagnie de poètes, musiciens et peintres qui viennent
y prendre leurs ébats ».

Cet avis rédigé en style *chatnoiresque* ne vous
rappelle-t-il pas le fameux : *n'oublions pas que nous sont*
tous gentilshommes ; seulement, nos ancêtres, lorsqu'ils

s'exprimaient ainsi, croyaient encore à ce moyen
âge de convention qui devait tant influer sur leur
littérature et sur leur art, tandis que nous autres, modernes, nous en faisons, sciemment, la parodie et,
conséquemment, manquons de sincérité.

Je voudrais dire ici tout le bien que je pense du
journal *le Chat Noir*, dont les compositions, toujours
spirituelles et souvent fort bien exécutées, ont implanté

16

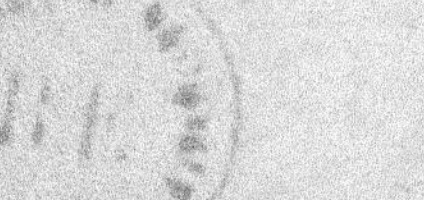

en France, surtout par le crayon de Steinlen, le genre, la conception humoristique des artistes des *Fliegende Blætter*, de Munich. Ce journal a compris le mouvement qui pousse les modernes vers l'étude, vers l'observation des choses et des gens, et les petites histoires en images, qui y figurent, appartiennent aux mieux réussies du genre. Le *Chat Noir*, comme sens artistique, est bien certainement supérieur à tout ce qui se publie aujourd'hui dans la note comique.

L'idée de faire un choix des principaux dessins qui ornent l'album du cabaret, et de les mettre ainsi à la portée du grand public, est également excellente. Chacun pourra, ainsi, juger à leur juste valeur ces artistes montmartrais qui, je parle dans leur intérêt, ont le grand tort de se figurer qu'à leurs côtés, Raphaël et Holbein seraient des riens du tout.

Acta et non fumisteria !!

ENSEIGNE, CHEMINÉE ET DÉCORATIONS DIVERSES

De « l'Auberge des Adrets ». — Dessin de Coll-Toc.

Jusqu'au plus petit détail, jusqu'à ces sabots qui servent de porte-allumettes, tout est amusant ; et le costume des garçons, valets d'auberge à peu près authentiques du commencement du siècle, n'ayant de l'Opéra-Comique que juste la note voulue, vient égayer encore l'aspect de la salle.

L'extérieur avec ses pans de bois entourés de plâtre et légèrement apparents, avec son enseigne suspendue représentant Robert-Macaire, rend également bien l'aspect d'une auberge de campagne, de celles qui portent la mention : *On donne à boire et à manger*, ainsi qu'on peut le lire, au reste, sur les cartes de l'établissement, ornées d'un charmant petit dessin de Willette.

Notre tavernier, l'acteur Mousseau, a, lui aussi, voulu avoir son journal, *l'Auberge des Adrets*, imprimé sur gros papier à chandelle jouant au vergé teinté. Ne cherchez point dans cette feuille des images artistiques ni rien qui, de près ou de loin, puisse faire souvenir du titre. Ce journal de café a, néanmoins, de hautes visées ; il veut lancer les jeunes, comme si le public ne préférerait pas à toutes les élucubrations sans valeur qui y prennent place, quelques restitutions intéressantes et surtout la reproduction des coins les plus typiques de l'auberge, car celle-ci a réellement un cachet tout particulier, une saveur spéciale, une originalité de bon aloi.

Un journal de brasserie s'occupant de l'histoire, de

« L'AUBERGE DES ADRETS. » — Dessin de COLL-TOC.

la décoration de ces établissements, faisant de l'iconographie et donnant du document, aurait un succès de curiosité : toutes les autres feuilles sont sans raison d'être.

III

CHATEAU D'IF

Boulevard Saint-Martin, à côté de l'*Auberge des Adrets*. Une porte basse sans grande apparence, avec une sorte de pont-levis.

Établissement sombre, d'un gris sale, d'une monochromie bien peu réjouissante à l'œil.

Les murs sont peints de façon à imiter les murailles humides d'un cachot, et tout autour, de grosses chaînes simulées ou tendues.

Sur les portes, vraies ou simulées également, on lit : *Greffe*, — *Entrée du greffe*, — *Guichet du greffe*, — *Cachots*, — *Gardien-chef*.

Nous sommes, en effet, dans les cachots de la célèbre prison du *Château-d'If*, auparavant « Grotte de Monte-Christo ». Sur les côtés, la cellule dans laquelle l'abbé Faria se trouvait prisonnier, cellule que tous les consommateurs — porte le prospectus que j'ai sous les yeux, — sont admis à visiter.

Cette cellule — je copie textuellement — est ornée de deux sujets représentant l'abbé Faria et Edmond Dantès, alors qu'ils sont parvenus à percer le mur qui les séparait. — L'abbé Faria confie son secret à Edmond Dantès. — Pour de plus amples détails, ajouterai-je, voir Alexandre Dumas père, *Bons Romans* ou *Feuilletons illustrés*.

Placé dans un étroit couloir, devant les barreaux grillés du cachot, j'ai pu contempler à la lueur d'une lampe rappelant celle dont on éclaire, dans certains pays, les saintes Vierges, ces deux personnages en cire. Assurément, l'exécution n'en est point mauvaise, et ferait très bien dans un cabinet de cires d'une foire quelconque, mais comme sujet de décoration pour brasserie, cela manque de charme et de gaieté.

Les curieux — et qui ne l'est pas à Paris? — doivent certainement y aller, mais les consommateurs d'un tel établissement, j'avoue qu'ils me paraissent plus difficiles à trouver. Toutefois, l'illusion est si complète, qu'on sort du *Château-d'If* avec un véritable plaisir.

IV

BRASSERIE DE LA CIGOGNE

Rue Montmartre. Aspect extérieur d'une grande simplicité, se rapprochant conséquemment beaucoup plus de la vérité historique, au point de vue de la décoration des anciens cabarets. Une cigogne pour enseigne.

A l'intérieur, plafond à poutres, se détachant sur fond bleu. Au haut des murs des nattes, puis des appuis en bois sculpté ornés de grès, chopes et cruches; au-dessous, des rangées de carreaux de poêle, à décorations, les uns bleu, jaune, vert, avec leurs moulins à vent, leurs grosses tours, leurs navires imitant les Delft, les autres rappelant par leur monochromie violette les anciens Zurich.

Grandes baies vitrées, au verre façon craquelé, et dans le bas quelques sujets peints sur fond bleu : des lions héraldiques rouges, ou des cigognes violettes, naïvement entrelacées. Lanternes allongées, en métal jaune, de forme gothique, et surmontées d'une couronne. En guise de parquet, carreaux rouges et blancs.

Rien d'amusant au point de vue de l'œil, comme cet ensemble dont les couleurs se détachent si bien : jaune paille sur la natte, violet sur les carreaux de poêle, tandis que le bois vient jeter sur le tout sa note plus sombre.

En somme décoration sobre et de bon goût.

BRASSERIE DE « LA CIGOGNE ». — Dessin de Coll-Toc

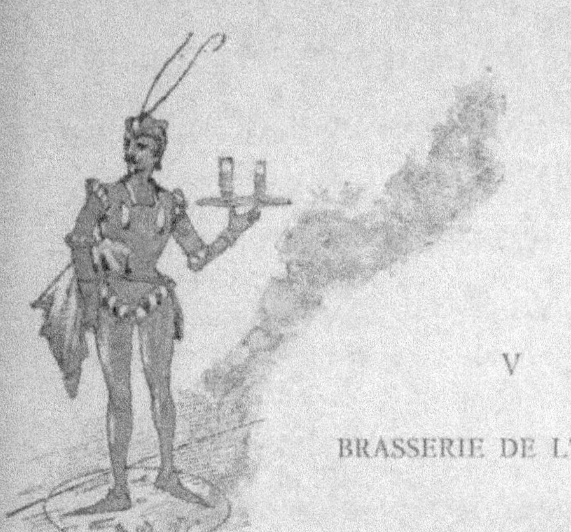

V

BRASSERIE DE L'ENFER

Boulevard de Strasbourg. Tout est rouge feu, tout est aux flammes de l'Enfer, dès la devanture, d'un aspect étrange. C'est ici, surtout, qu'on peut dire *bariolage* et *costumage*. Rien ne m'a rappelé la Tentation de saint Antoine dans les guignols d'enfants, comme cette grande et longue salle, entièrement badigeonnée, murs et plafond, à la façon des décors en carton, aux diablotins sans signification bien précise, se détachant sur fond rouge, au milieu des feux également rouges de l'éclairage.

Et, en effet, le tout a été aménagé de façon à produire l'aspect d'une vaste salle de théâtre enfantin, avec décor au fond. Le fameux boniment de la baraque de l'Enfer, toujours si suivi aux foires parisiennes, obtiendrait dans ce local un véritable succès. Nous avons le cabaret-concert : pourquoi n'aurions-nous pas la brasserie-théâtre. A quand la chaudière, boulevard de Strasbourg ?

En attendant, tout le personnel de Messire Satan est, ici, au grand complet et, grâce à Méphistophélès, fait de son mieux pour vous recevoir. J'engage toutefois le portier de l'Enfer, à ne pas s'aventurer dehors, les jours de carnaval, sans être armé de son trident. Quant aux garçons, malheureux diables rouges, verts et noirs, serviteurs fidèles d'un cafetier de l'Enfer attiré sans doute vers nos contrées par la vie toujours plus infernale de Paris, ils ont l'air de trouver que le feu brûle bien lentement dans ce gambrinal débit.

Aussi, pourquoi ne pas avoir poussé plus loin les rapprochements ? On voudrait voir, assiettes fumantes sous de rouges réchauds, bière en ébullition dans de rouges récipients, tables couleur feu et boissons exotiques aux flammes scintillantes.

Ajoutez une *Gazette de l'Enfer*, imprimée en rouge sur papier noir — comme certain prospectus d'un prédécesseur, qui n'était encore, lui, que le caveau satanesque — donnant la liste des consommations les plus étranges, ainsi que des spectacles offerts aux consommateurs, et tout Paris passerait à l'Enfer. On y viendrait de la province, on y accourrait de l'étranger : n'a-t-on pas, souvent, pour moins, traversé les Océans ?

Donc badauds, venez vider des *diables* à la brasserie de Messire Satan qui appelle, forcément, la brasserie du Paradis terrestre, servie par des arrière-petites-filles

BRASSERIE DE « L'ENFER »

Dessin de COLL-TOC.

d'Ève — il n'en manque jamais — drapées dans des peaux de serpents, avec Adam au comptoir, et des chopes en forme de pommes, pour ne rien perdre de la couleur locale.

<h1 style="text-align:center">VI</h1>

<h2 style="text-align:center">BRASSERIE DE « LA TRUIE QUI FILE »</h2>

Le titre fut un des plus gais, un des plus amusants, un des plus bizarres du vieux Paris, si riche en couleur au point de vue enseigne. La Truie qui file, en livrant ses mamelles à ses petits pourceaux, statue en pierre naïvement sculptée, a figuré sur plusieurs maisons qui n'avaient aucun rapport, de près ou de loin, avec le cabaret; mais il ne faut pas s'étonner qu'elle ait été prise, de nos jours, pour une brasserie décorée, car son sujet prête en somme fort bien aux excentricités picturales.

BRASSERIE DE « LA TRUIE QUI FILE »
Dessin de Guli-Toc.

La *Truie qui file*, rue Notre-Dame-de-Lorette, est un de ces établissements bruyants où l'élément féminin joue un grand rôle. Construction toute basse, entièrement occupée par la brasserie qui vise, ainsi, à l'hôtel particulier, elle n'offre quelque intérêt que par son sous-sol arrangé à la façon des boxes anglais, où se trouvent des peintures de Daveau, un très habile graveur en pierres fines. Daveau, que nous retrouverons dans d'autres brasseries du quartier, est, avant tout, un irrégulier de l'art, un esprit fantaisiste épris d'humour et de grivoiserie. Avec une éducation esthétique plus solide, il eût fait un excellent décorateur, car il a le sens de la couleur, de la tache, si bien que les gaucheries de son dessin ne s'aperçoivent pas de prime abord. Malheureusement, son exécution est vulgaire comme à plaisir, et il semble se complaire également dans la vulgarité du sujet. Vive l'idéal si la recherche de la réalité doit nous conduire à de pareilles ordures !

Daveau me paraît être atteint de la maladie de la pornographie : il lui faut du sale, n'en fut-il plus au monde. Je veux bien admettre que le public qui fréquente ces établissements soit, avant tout, friand de pareilles peintures; mais une telle tendance n'est-elle pas regrettable, alors que le sujet prêtait si facilement à des compositions humoristiques traitées avec une entière liberté d'allures, sans bégueulerie, mais aussi sans exagération.

Que de choses charmantes n'eût-on point fait avec

Méduse. Cette petite salle, réservée aux initiés, a vu disparaître sa cloison et forme corps, aujourd'hui, avec le reste. On a, toutefois, laissé les cloisons, côté couloir, avec leurs deux hauts et étroits panneaux représentant le grand escalier de l'Elysée-Montmartre et un cavalier seul, dans « ce plus chouette des bals de Paris », tandis qu'en face, défile une armée en marche, aux côtés de la charge d'un des tableaux les plus émouvants de Georges Ohnet au Gymnase. Le : *C'est ici*, est illustré d'une figure de femme... vue de dos.

Le long des murs de la salle, les lapins triomphent : le conseil de revision, l'école, le grand bal à l'Elysée-Montmartre nous montrent autant de personnages coiffés de la tête de l'innocent animal qui est, on le sait, bien loin de posséder les sympathies de ces dames, habituées ferventes, malgré cela, de la taverne placée sous son vocable. Ces scènes sont composées avec assez de verve : malheureusement, le dessin en est lourd et pénible.

Dans cette même salle étaient quatre panneaux consacrés aux saisons, des femmes en costume léger laissant apercevoir des sous-entendus aux contours indiqués, si ce n'est pas avec art, du moins *con amore*. Les panneaux ont fait place à d'autres compositions : ne nous en plaignons pas.

Fait à noter, la *Taverne du Lapin* n'a aucune cheminée monumentale : la devanture aux vitres formées de

TAVERNE « DU LAPIN ». — Dessin de Coll-Toc.

FRAGMENT D'UN TABLEAU DE LA « TAVERNE DU LAPIN ».

Dessin de Coll-Toc.

verres de couleur, a l'aspect de toutes les tavernes à la mode, décorées ou non.

Disons ici que les compositions de Daveau sont allées orner une autre taverne, le *Lapin poseur*, rue des Dames, fermée, je crois, aujourd'hui, comme la *Grenouille en goguette* — ex-cabaret de Rabelais — situé rue Pigalle, quelques maisons plus haut que le *Lapin*. Là les vitres étaient ornées de grenouilles peintes se détachant en vert sur fond jaune et le même Daveau avait exercé sa verve, en se servant de ce batracien. Les scènes représentées étaient toujours conçues dans l'esprit dont j'ai parlé à propos de la *Truie qui file*.

De la *Grenouille en goguette* il ne reste plus, à l'heure présente, que la devanture portant en grosses lettres : *Sous-sol humoristique et artistique.*

LE «RAT MORT». — Dessin de COLL-TOC

VIII

LE RAT MORT

C'est à un rat crevé, trouvé un matin, sous une banquette, que cet établissement doit son nom et que les longs panneaux qui figurent au haut des murs, à part cela entièrement nus, doivent, eux, leur existence. Le duel, la maladie, la mort du rat sont le sujet de ces panneaux sans grande valeur artistique.

Depuis l'Empire, le public de l'établissement a changé bien des fois : seul l'élément féminin paraît toujours se recruter parmi les fidèles du culte de *Mlle Giraud ma femme.*

IX

L'AUBERGE DU CLOU

Le premier établissement ouvert sous le nom d'auberge, situé au haut de la rue des Martyrs, et dont le propriétaire — l'inventeur, si l'on préfère — fut l'acteur Mousseau, qui depuis a monté l'*Auberge des Adrets*. Aspect campagnard à l'intérieur comme à l'extérieur, où se balance une amusante enseigne. Petits carreaux avec rideaux de cotonnade rouge. Cheminée et escaliers rustiques, meubles dans le même goût, plafond à poutres visibles ; assiettes,

AUBERGE « DU CLOU ». — Dessin de Coet-Toc.

MOTIFS DE DÉCORATION A L'AUBERGE « DU CLOU ».
Dessin de Cell-Toc.

faïences et images dans des cadres de bois, ces dernières sentant le bric-à-brac des environs de Paris, route de Vincennes et autres.

Au milieu de la pièce, un plancher en verre pour donner quelque jour au sous-sol qui, depuis l'origine, a subi de nombreuses transformations. Je me souviens d'une époque où deux glaces ornées de fleurs au savon en constituaient le plus bel ornement. Aujourd'hui, cette salle du bas est ornée, je ne dirai pas de peintures, mais d'intentions picturales, car ces fresques dans la note sombre, si à la mode actuellement, ne sont pas plus visibles à l'œil nu qu'à la lumière du gaz. Il faudrait, pour qu'on pût en saisir l'intention, les reflets éblouissants et blafards tout à la fois de l'électricité.

Le fantastique d'Hoffmann est désormais dépassé par ce mélange d'horreurs cherchées et de naïvetés *moyenâgesques*. Guillotine, champ de bataille, croque-morts, convoi funèbre, drame au fond de la mer, attaque nocturne, le tout se terminant par une femme qui cloue son cœur et s'en va, cette héroïque action une fois accomplie. Après la femme au chat, d'Edgar Poë, aux trois quarts mangée, que voulez-vous de plus? C'est de la fantaisie abracadabrante pour faire hurler le bon bourgeois; c'est du Willette, c'est du Rivière!

De Henri Somm *la Nativité de Victor Hugo, la Femme au Cochon*, et, dans les autres salles du premier, des corbeaux, amusante composition par Moullion, des fleurs par Rouby, *le Régiment de Haussmann* qui figura jadis au *Cochon fidèle*, enfin toute l'histoire de Pierrot par Willette, dont il faut admirer à nouveau, ici, l'entrain, la verve endiablée, quand il s'agit de traiter ce personnage si éminemment français.

Nota bene. Le *Clou*, qui a mis à la mode un nouveau système de paterres, vend tant qu'il peut, mais ne prête pas.

X

CABARET DU MIRLITON

Le plus bel ornement de cet ancien *Chat Noir*, depuis que le Seigneur et Maître a transporté ses pénates en deçà des boulevards extérieurs, c'est le propriétaire, le cafetier chansonnier Aristide Bruant, auteur de *la Chaussée Clignancourt, Mademoiselle écoutez-moi donc ? l'Homme à la tête de veau, Tondeur de poils de tortue, En r'montant*, et autres scies du même genre qui font le délice des habitués des cafés-concerts.

A ce point de vue, le *Mirliton* donne bien l'idée des bouis-bouis nouveau genre, où M. Charles tient le piano, où Mlle Elisa braille les obscénités du jour, où M. Auguste charme les assistants en imitant l'intéressant Paulus et le non moins spirituel Libert. D'autres fois, ce sont des guitaristes, des mandolinistes et autres artistes en *istes ;* quelquefois même, des orchestres

CABARET DU «MIRLITON».

Dessin de Coll-Toc.

complets qui usent tout le répertoire de la valse tandis que les clients consomment en musique.

Ce dernier genre nous rapproche des brasseries allemandes qui ne se comprennent, pour ainsi dire pas, sans un orchestre. Quant au café-concert transporté en plein caboulot, il était, jusqu'ici, vu l'affluence des établissements spéciaux à Paris, le propre de la province et de certaines villes. A Genève, par exemple, on le vit fleurir sur une grande échelle à partir de 1871, pensant charmer les loisirs de l'étranger pendant l'été, ou introduisant à l'époque des grandes luttes religieuses l'actualité politique dans les cabarets d'habitués.

Revenons au *Mirliton*, qui n'a conservé de son ancien aspect décoratif que la grande cheminée. Tous les soirs, M. Aristide Bruant y chante ses œuvres : les refrains du *Chat Noir* sont devenus les refrains du *Mirliton*, mais le genre n'a point changé. C'est lui qui a popularisé *à Batignolles*, *à la Glacière*, *à Montparnasse*, *à la Villette*, *à la Bastille*, *à Montrouge*, *à Belleville-Ménilmontant*, accommodés à toutes sauces par les bohèmes de Montmartre ou du quartier Pigalle, et dont il faut aller chercher l'origine dans une chanson connue de tous les ateliers rapins : *à Montmerte*.

Voici du reste, pour compléter la physionomie de ce cabaret chantant, situé, dit l'annonce, « près de l'Elysée-Montmartre, le plus chouette bal de Paris », quelques-uns des refrains qui en sont sortis. Je choisis l'héroïne de Batignolles :

Sa maman s'appelait Flora,
A connaissait pas son papa.
Tout jeune on la mit à l'école
    A Batignolles.

A poussa comme un champignon
Malgré qu'alle ait r'çu plus d'un gnon,
L'soir, en faisant la cabriole
    A Batignolles.

Alle avait des manièr's très bien,
Alle était coiffée à la chien
A chantait comme eun' petit' folle
    A Batignolles.

Quand a s'balladait sous l'ciel bleu,
Avec ses ch'veux couleur de feu,
On croyait voir eun' auréole
    A Batignolles.

. . . .

Je l'ai aimée autant que j'ai pu,
Mais j'ai plus pu lorsque j'ai su
Qu'a m'trompait avec Anatole
    A Batignolles.

Quel que soit le refrain, ce sont toujours les mêmes
couches sociales qui font le sujet de ces chansons où
les quartiers excentriques de Paris passent à tour de
rôle. Ici c'est Toto Laripette aux petits favoris

    Surmontés d'eun' fin' rouflaquette
        A la Villette.

Ou Nini :

    Grosse et grasse comme un I
    Dont la poitrine . . . .
    . . . . pointille
        A la Bastille.

Là, c'est une fille qui chante :

> Moi aussi, je l'ai été pucelle
> A Grenelle.

ou une autre dont

> Les yeux, ronds comm' les yeux d'un veau,
> Pleurent eune espèc' de lavasse
> A Montparnasse.

O vous tous, encore épris d'idéal, allez au cabaret du *Mirliton*, vulgo *Mirli*, vous y verrez trôner, dans toute son élégance, la littérature et la poésie du boulevard extérieur. Et si cela ne vous suffisait point, vous pourrez contempler les images du journal attitré du cabaret, *le Mirliton*, qui a eu cependant l'excellente idée de reproduire, dans chacun de ses numéros, une bonne vieille chanson d'autrefois.

XI

TAVERNE DE L'ÉLYSÉE

Près de l'Elysée-Montmartre, plus près même que le *Mirliton*. Aussi est-ce pour cela, sans doute, que le public, hommes et femmes — mâles et femelles serait plus juste — y est encore plus choisi. A certaines heures, on se croirait dans un des établissements les plus distingués du faubourg Saint-Germain, tels qu'ils seront sans doute, dans le Paris de l'avenir.

Mais le public importe peu. Voyons plutôt les peintures qui remplissent les deux salles de l'établissement, peintures dues également à Daveau, le décorateur attitré de ces sortes de tavernes pigallaises et montmartraises.

Plafonds à poutres apparentes, masques de couleurs claires sur fond chocolat, d'un effet assez gai, et surtout assez pittoresque. Dans le fond, au-dessus du comptoir décoré de peintures représentant les quatre saisons, une horloge soutenue par des singes, composition bizarre et d'aspect drolatique.

— *Première suite* : *Histoire de l'enfant prodigue*, sous la forme de personnages à tête de singes. Dans une série de douze panneaux, le peintre nous le représente quittant son village après de doux rêves d'avenir, volant les économies de son père sur les conseils de deux amis, et arrivant à Paris pour *moult rigoler et festoyer*. L'enfant prodigue entre triomphalement à la *Taverne de l'Elysée*, paie sa bienvenue, fait de bonnes relations et s'empresse de visiter *le bal le plus distingué de Paris*. Les tableaux qui suivent représentent *un bal masqué à l'Elysée, le Tir*, et *En attendant la fin du bal*. Cette dernière pochade : deux alphonses assis à une table de caboulot devant des piles de soucoupes, tandis que sur le mur on lit l'écriteau : *Crédit est mort*, est interprétée d'une façon amusante. — Puis viennent *l'Orgie*, sujet d'une réalité de mauvais goût, sans esprit, parce qu'il ne peut pas y en avoir lorsqu'on descend à des scènes repoussantes ; *A Bougival*, et comme conclusion de cette épopée burlesque : *Idylle et barbottage*, notre enfant prodigue sur une balançoire, une femme à ses côtés, tandis que les amis de la donzelle barbottent son portefeuille.

PANNEAUX DE DAVEAU à la « Taverne de l'Élysée-Montmartre. »
Dessin de COLL-TOC.

Daveau, qui affectionne décidément le genre travestissement, pourrait être appelé le Grandville des faubourgs.

— *Deuxième suite : l'Histoire d'un condamné*. — Série de tableaux qui retracent l'épopée d'un criminel. Le monde du crime après le monde de la boue : cela cadre bien. Si l'exécution est faible, les idées sans être neuves sont quelquefois drôlement présentées. Je me contente de noter les sujets :

1. *Repincé*. — 2. *La Peur* (invasion de rats dans la cellule du condamné). — 3. *Une preuve terrible* (on montre un couteau, celui qui a servi au crime sûrement, à l'accusé amené devant le juge d'instruction). — 4. *Portraits des grands hommes* (on photographie l'assassin). — 5. *Pour mon père* (l'assassin passe en jugement). — 6. *Pas le droit de se pendre* (les gardiens entrent dans la cellule du condamné au moment où il allait se pendre, et l'empêchent ainsi de mettre son projet à exécution). — 7. *Camisole de force*. — 8. *Pourvoi rejeté*. — 9. *Condamnation à mort*.

Telles sont les scènes picturales de la taverne de l'Elysée qui, assurément, doivent être fort goûtées par la clientèle ordinaire de l'établissement. Spécimen de la grande peinture décorative à l'usage de certaines nouvelles couches sociales. Les ennemis de l'idéal peuvent se déclarer satisfaits.

XII

TAVERNE DU BAGNE

A figuré, pendant quelque temps, — six mois — sur le terrain d'une maison en démolition, boulevard Rochechouart, dont la Ville avait accordé la concession au citoyen Lisbonne. Aujourd'hui, ladite taverne est installée rue de Belleville, sous le nom encore plus ronflant de : *Taverne du Bagne et des Ratapoils*. De toutes les excentricités auxquelles l'imagination des chercheurs de fortune coûte que coûte a pu se livrer, celle-là fut assurément la plus écœurante. « Elle me semble » disait fort bien Wolff, dans un de ses *Courrier de Paris* « la plus haute expression de l'écroulement du bon sens, qui est la note caractéristique de notre époque. »

Pendant quelque temps la foule y fut telle qu'on eût pu écrire comme article d'actualité : *Tout Paris au Bagne*. Tandis que le commun des mortels, faisant queue, y entrait, comme au théâtre, par fournées de vingt ou trente personnes, les initiés, les intimes, passaient par l'entrée des artistes, — de plus en plus comme au théâtre.

Et, en effet, pour rappeler, sans doute, les auditions téléphoniques de l'exposition d'électricité où l'on n'ad-

mettait, à la fois, qu'un nombre restreint d'auditeurs, dès qu'un groupe sortait, il était aussitôt remplacé par un autre. « Faites entrer une nouvelle fournée de condamnés » criait le maître de céans, « les libérés peuvent passer au greffe et s'en aller. » Sur ce, les garçons costumés en gardes-chiourmes, sabre au côté et trousseau de clés à la ceinture, ouvraient la porte aux libérés de la consommation forcée. Mais comme, les premiers temps surtout, beaucoup de personnes, venues en

LA TAVERNE DU BAGNE
Boulevard Rochechouart (aujourd'hui démolie).

simples curieux, avaient trouvé moyen de s'en aller
sans consommer, le citoyen Lisbonne, pratique, avant
tout, quoique communard, inventa pour le consommateur le contrôle du ticket qu'il fallait remettre à la
sortie, sous peine de voir les portes du bagne se refer-
mer sur soi. Ce certificat de libération, contrôlé comme
un billet de chemin de fer, méritait de passer à la pos-
térité. Il fit, paraît-il, le désespoir des contrôleurs
d'omnibus, auxquels, soit distraction, soit fumisterie,
des voyageurs le présentèrent souvent en guise de cor-
respondance.

Extérieurement, cette baraque en planches, longue et
basse, portant un gros T. F., sa marque de noblesse, et
l'inscription bien connue : *Voi chi entrate lasciate ogni
speranza*, à laquelle le patron de l'établissement s'était
lui-même chargé de répondre triomphalement par
un : *Cependant on en revient*, représentait fidèlement un
ancien bagne, tel que nous le montrent les gravures
de 1840.

A l'intérieur, une sorte de réfectoire de prison,
éclairé par des quinquets à l'huile, comme il en est
encore dans certaines petites gares éloignées, et, sur
les murs, les tableaux de la Commune, hommes et
choses, le tout peint par des barbouilleurs au mètre,
les portraits généralement sans ressemblance. A l'exception de Rochefort, ces hommes illustres portent la va-
reuse rouge du forçat. Cinq grandes toiles représentent des épisodes, soit des scènes historiques du bagne

de la Commune. Ce sont l'évasion de Rochefort, l'évasion avortée des deux communards Jeanne et Magnier qui, plus loin, reçoivent de ce fait la bastonnade, Gustave Maroteau subissant l'opération du ferrement, alors que, selon la légende, il était déjà à moité mort, et Olivier Pain, au moment où il va être fusillé par un peloton d'Anglais.

Assurément, tout cela n'est plus de la décoration de brasserie, et prendrait place bien mieux dans un théâtre ambulant. Disons, seulement, pour ne rien oublier de la couleur locale, que les garçons du *Bagne*, costumés en forçats de l'ancien temps, avec le bonnet vert, la chaîne, le boulet, n'offrent pas à l'œil un spectacle plus réjouissant que les gardes-chiourmes, gardiens vigilants des portes de ce bagne-joujou.

Aujourd'hui, dans le nouvel établissement, plus resserré comme façade, mais identique d'aspect, c'est un mélange sans nom de forçats et de soi-disant *ratapoils*, ces derniers costumés, non point suivant le type inauguré par Daumier en 1850, ou suivant la fameuse gravure de Gill, mais d'une façon vraiment piteuse, c'est-à-dire avec de longues redingotes d'un noir gris sale, ayant tout à fait l'aspect d'un vêtement retourné, et avec un chapeau haut sur lequel se trouve fiché comme cocarde un immense aigle empaillé.

Si vous voulez entrer, frappez à la porte au-dessus de laquelle se trouvent les mots : *Entrée des condamnés* — car quiconque entre est considéré comme tel — le portier-chiourme ouvre sans se faire prier, et annonce votre arrivée par des coups de sifflet qui vont en se répercutant. Enserré entre des planches formant un étroit couloir, vous arrivez ainsi jusqu'à une grande salle vitrée, ancien bal public, dont les murs sont ornés des peintures déjà connues.

Telle est la nouvelle incarnation de la *Taverne du Bagne*, bien digne, en tous points, de celui qui, dans son café-concert des Folies-Rambuteau, avait poussé la plaisanterie jusqu'à faire habiller ses garçons en Rois de France. Maladie étrange véritablement, que ce besoin de rabaisser publiquement les personnages qui appartiennent à l'histoire, sur lesquels le savant, dans ses travaux, peut quelquefois porter un jugement sévère, mais qu'un simple acteur devrait avoir le bon goût de respecter. Les acteurs de l'histoire valent bien, après tout, les acteurs des planches.

Que doit-on penser du sens moral des gens qui organisent et de ceux qui approuvent ce carnaval, cette véritable *Fête des Fous* de la barbarie moderne, où l'on voit Louis XI réclamant un sou de pourboire, François Ier versant le *parfait amour*, Henri III servant des cerises à l'eau-de-vie et Louis XIV transformé en verseur.

Ce n'est plus de la caricature, c'est de l'insanité. Ce n'est plus du domaine des brasseries, mais bien plutôt du ressort des petites maisons !

A titre de curiosité, nous reproduisons ici les deux

affiches placardées à des milliers d'exemplaires sur les murs de Paris, par lesquelles le citoyen Lisbonne annonça *urbi et orbi* les ouvertures successives du *Bagne première manière* puis du *Bagne ratapoilisé*. Ce sont d'intéressants documents pour l'histoire de la *fumisterie* contemporaine.

TAVERNE DU BAGNE

2, boulevard de Clichy, en face le cirque Fernando.

INVITATION

AUX MALHEUREUX DU 18ᵉ ARRONDISSEMENT

Dimanche 6 décembre 1885, de 8 h. à 11 h. 1/2 du matin

GRAND DÉJEUNER GRATIS

CAMARADES,

La Révolution tardant, et ne pouvant, dans un moment de calme et de tranquillité, faire fusiller les bons bourgeois qui détiennent entre leurs mains LE CAPITAL, j'ai pensé, en attendant

l'heure de la justice populaire

(celle qui ne commet jamais d'erreur judiciaire), faire cracher la bonne galette aux réactionnaires.

Aussi, DIMANCHE, PREMIER DÉJEUNER, venez, et vous humerez les meilleures bières de la place :

Bière d'Amstel, Prudhon, Diekirch, Bizot, Zimmer. — Du Bordeaux de la maison Moreau, de Billancourt. Un excellent moka de la maison Ruffier, la farine de la maison Juin, du gruyère de la maison Kœsler et de la viande de la boucherie Frot.

FRÈRES,

En attendant que ces vils capitalistes soient envoyés à jouer à la manille avec l'HOMME A LA VIEILLE BARBE, venez, DIMANCHE, vous caler les joues à la TAVERNE DU BAGNE.

Votre appétit n'en sera que plus formidable, car

C'EST LA RÉACTION QUI PAYE... PAR FORCE !

Le Directeur : MAXIME LISBONNE.

LA TAVERNE DU BAGNE ET DES RATAPOILS

Est transférée, 12, rue de Belleville, 12

OUVERTURE LE 12 FÉVRIER

Sur la proposition du Gérant du BAGNE :

AMNISTIE GÉNÉRALE

Article premier. — Tous les forçats employés à la Taverne du Bagne du Boulevard Clichy sont amnistiés.

Art. 2. — Leurs droits civils et politiques leur sont rendus.

Art. 3. — Il appartient à la Société de s'occuper des forçats libérés afin qu'ils ne retombent pas dans le MALHEUR.

Leur repentir et leur bonne conduite ont permis au directeur du Bagne de les placer ainsi qu'il suit :

Nᵒˢ 47 Valet de chambre chez le duc de Mac-Mahon.

49 Introducteur chez Sarah Bernhardt.

51 Cocher chez M. Jules Ferry.

69 Piqueur chez la Princesse Mathilde.

70 Contrôleur au Théâtre Français.

Nᵒˢ 71 Garçon de bureau au Ministère des Beaux-Arts.

81 A la buvette de la Chambre.

93 Facteur de journaux au *Cri du Peuple*.

117 Le perruquier du Bagne au *Figaro* (conservera son emploi).

Fait à Paris, le 8 février 1880.

Par ordre : le gérant du Bagne, CHIOURIMIQUE.

Approuvé : le directeur du Bagne, Maxime LISBONNE.

SOUPE CANAQUE, GOURGANE DE TOULON ET BADINGUET

Tous les soirs à 11 heures

Coopération typographique (Association ouvrière), 39, rue Saint-Lazare, Charles Dumont, directeur.

XIII

LE TAMBOURIN

L'ancien bar de la rue Richelieu, si coquettement
aménagé, a émigré boulevard de Clichy, sans perdre
pour cela son aspect artistique. Loin de là ! Les peintres
lui tiennent de trop près pour que la peinture n'y soit
pas un peu comme chez elle. Le tambourin très à la
mode depuis le *Paris-Murcie* et les expositions de la
Vie Moderne, constitue son principal ornement, et
l'effet en est, je dois le dire, fort chatoyant, l'éclat, la
diversité des couleurs jetant dans l'établissement une
note gaie et lumineuse. Ajoutons, comme décoration,
un escalier de bois, assez monumental, situé à l'extré-
mité de la pièce, et le plafond de la pièce elle-même,

> Le plafond du peintre Subic,
> Où l'on peut voir des demoiselles
> Plus belles qu'Ugalde et Judic
> Voler dans l'air comme hirondelles.

Donc, l'ancien bar devenu *Cabaret du Tambourin*, avec ses vitres de couleur et son immense affiche extérieure, en calicot, elle aussi sous forme de tambourin, a été inauguré le 10 avril 1885 par un souper qui fit grand bruit dans le tout-Paris montmartrais. Sur le menu de ces agapes artistiques brillaient des *bombes anarchistes (au citron)*, un *plus que parfait à la vanille et à la Bouguereau (Pléonasme)* et autres fumisteries d'atelier, dont l'incohérence n'alla pas, toutefois, jusqu'à la partie culi-

naire. Le Bordeaux-Tambourin y lutta avec le Château-Discrétion, et Philippe de Champagne s'y fit connaître comme propriétaire de grands mousseux.

Le mois suivant, c'est-à-dire en mai 1885, les amateurs étaient invités à venir visiter, en ce cabaret d'un nouveau genre, une exposition fort intéressante de tableaux et de tambourins signés Gérôme, Français,

LE TAMBOURIN. — Dessin de COLL-TOC.

Clairin, Dantan, Hagborg, Ferrier, Dupray, Pille, Benjamin Constant, Besnard, Chartron, Barrias, Mazerolle, Bogolouboff et, peu après, le tout prenait le chemin de l'hôtel Drouot.

Entre tous les cabarets décorés, le *Tambourin* a su se faire ainsi une place à part : l'Italie y règne en maîtresse, par le costume des servantes comme par l'ensemble de l'ornementation, et rien n'y rappelle ni la brasserie flamande ni l'éternelle taverne Louis XIII. Mais de fort jolies peintures, signées de noms également connus, indiquent suffisamment au public qu'il est dans un local où l'art n'a point cessé de régner.

XIV

BRASSERIE DU PLUS GRAND BOCK

Rue Dancourt, à Montmartre. Un de ces petits caboulots de quartier, dont le genre tend à disparaître, où se réunissent les artisans des environs, où viennent, quelquefois, les artistes, les hommes de lettres, les musiciens demeurant dans le voisinage. Le local est tout à fait exigu, et les deux pièces qui le composent — la dernière ne servant que dans certaines circonstances — n'ont, comme décoration, ni tapisseries, ni bois sculptés. C'est simple, plus que simple.

Le luxe de l'endroit réside dans les peintures placées le long des murs, en autant de panneaux d'égale grandeur. Il y a de tout : du paysage, du portrait, des natures mortes, de la fantaisie. C'est là que trônait la fameuse femme au bock de Gill, tenant une chope de bière mousseuse sur ses seins tendus, le corps rejeté en arrière. Vous la verrez bien encore, aujourd'hui ; seulement, sous la forme d'une copie fort habilement exécutée, l'original ayant été gardé par l'ancien propriétaire. En somme, quelques petites choses amusantes comme la fameuse épopée du cochon de M. Jules de Marthold, qui figura à l'exposition des « Arts incohérents », mais rien de particulièrement remarquable.

La salle du fond est plus intéressante. C'est là que se trouvent les compositions humoristiques de Faverot, un jeune artiste, ex-clown de profession, dont l'œuvre mérite l'attention de tous ceux qui recherchent

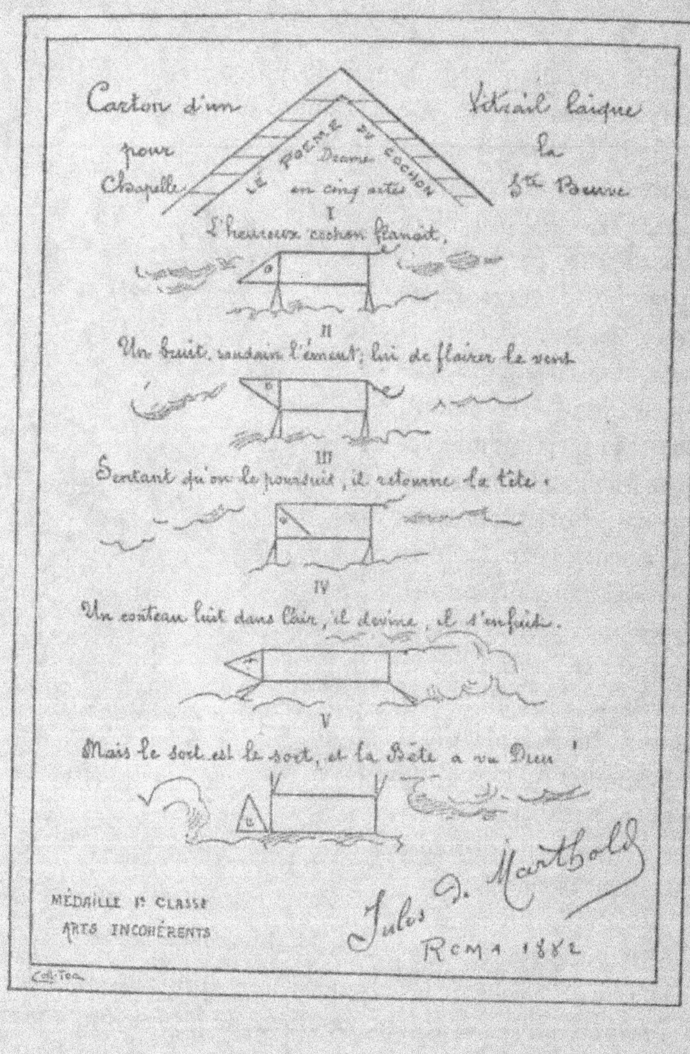

Carton d'un
pour
Chapelle.
Vitrail laïque
la
5ᵐᵉ Bourse
LE POÈME DU COCHON
Drame
en cinq actes
I
L'heureux cochon flânait.
II
Un bruit, soudain l'émeut; lui de flairer le vent
III
Sentant qu'on le poursuit, il retourne la tête.
IV
Un couteau luit dans l'air, il devine, il s'enfuit.
V
Mais le sort est le sort, et la Bête a vu Dieu !
MÉDAILLE 1ᵉ CLASSE
ARTS INCOHÉRENTS
Jules G. Marthold
Roma 1882
Cali-Tea

PEINTURES DE FAVEROT. — « *Brasserie du Plus Grand Bock.* »

Dessin de Coll-Toc.

PEINTURES DE FAVEROT. — «Brasserie du Plus Grand Bock.»
Dessin de Coll-Toc.

l'étude, l'originalité, la couleur. Dans des panneaux sur
bois, de formes et de grandeurs différentes, Faverot a
donné libre cours à sa fantaisie, exécutant de simples
pochades sans prétentions, qui méritent la publicité
bien autrement que certaines grandes machines des
cabarets en vogue, faites uniquement en vue d'épater
le bourgeois. Il y a là de l'entrain, de l'étude, une
réelle prédisposition à la charge naturelle : avec plus
de dessin et un peu de travail, l'ex-clown Faverot
ferait un excellent artiste.

Je me souviens d'une étude de lui, malheureusement
enlevée aujourd'hui, — je la regrette d'autant plus que
j'avais toujours eu l'intention de l'acheter, — qui représentait des saltimbanques travaillant sur une place
publique. C'était le meilleur morceau de cette petite
collection, la composition en était très heureuse, l'ensemble tout à fait vivant et chaque personnage consti-
tuait un type.

Faverot, — on peut le voir par celles de ses compositions ici reproduites, — n'a pas exécuté que des
clowns. Si son collégien est imité de Gill, le gendarme
qui s'est laissé déchausser pendant son sommeil —
gare aux nez délicats, — le sergent de ville qui, malgré
ses longs bras, a quelque peine à mettre la main sur
un personnage à haute casquette, le pendu auquel la
lune sert d'auréole et surtout le tombeau de l'artiste,
bras et jambes sortant des profondeurs de la terre
comme pour adresser un suprême appel aux humains,

— sont autant d'œuvres qui lui appartiennent en propre. Ces pochades dénotent, en effet, une réelle originalité, un penchant à la charge, au comique, bien trop simple, bien trop naïf, pour les grands artistes dont je parlais tout à l'heure.

Esprit libre, indépendant, se ressentant toujours de son origine première, Faverot montre dans presque toutes ses compositions, la préoccupation constante du gendarme et du sergent de ville. Pour lui, ce sont des empêcheurs de danser en rond, et s'il peut leur jouer quelque bon tour... en peinture, il est satisfait,

En un mot, Faverot a de l'humour, cette qualité si

rare et si précieuse que beaucoup se figurent avoir et que fort peu possèdent réellement.

Cette petite salle du *Plus Grand Bock*, basse et sans aucun jour, mérite, donc, d'être vue, plus que les brasseries tapageuses dont certaines personnes entreprennent la tournée, les jours de réjouissances publiques.

XV

CAFÉ DES PIERROTS

C'est un café, et d'un aspect bien vieillot, quoique
ouvert en 1862, lors du percement de l'avenue Vic-
toria. Banquettes et tables de marbre, tout ce matériel
d'un quart de siècle paraît appartenir à quelque estaminet de sous-préfecture, plutôt qu'à un grand café
parisien, donnant sur deux rues, ayant une certaine
surface et de grandes salles au premier. Ne cherchez
donc, ici, ni façade artistique, ni cheminée monumentale, ni comptoir finement sculpté : le marbre règne
et gouverne, et les propriétaires de l'établissement,
braves et dignes bourgeois, ignorent jusqu'à l'existence
du mot *fumisterie*.

Ne vous demandez pas non plus, comment, par
suite de quelle étrangeté du sort, ou bien par quel

25

secret instinct, par quelle prescience de l'avenir, ce café
s'est trouvé orné de tableaux et de tableaux-glaces,
sans être, aucunement, un caboulot artistique. Je dis :
tableaux-glaces, non seulement parce que la plupart
de ces peintures ont été encadrées dans des cadres à
glaces, mais encore parce que quelques-unes laissent
voir, tout autour, un morceau de glace entre le tableau
lui-même et le cadre.

A l'exception de quatre grandes compositions en
longueur et de deux panneaux en hauteur, tous ces
tableaux, et il en est plus de quatre-vingts, sont ovales,
quelle que soit, du reste, leur grandeur. Tous, invariablement, sont consacrés au personnage de Pierrot, qui
figure tantôt seul, tantôt en compagnie d'Arlequin,
de Polichinelle et de Colombine. Leur auteur fut un
artiste toulousain, Pezou, qui ne paraît pas avoir joui
ni d'une bien grande renommée, ni d'une très brillante
position. Toutefois, je me souviens avoir vu de lui chez
un marchand du boulevard Haussmann des tableaux
qui ne manquaient pas d'une certaine valeur.

Souvent il se rapproche du genre Baron, comme on
peut le voir, ici, dans les petits médaillons : quant aux
compositions où l'élément féminin apparaît, elles da-
tent, toutes, parce que Colombine est habillée à la
mode de l'époque.

Cet ensemble est plus ou moins palpitant, plus ou
moins intéressant, il est même bien un peu froid,
mais il sera d'un réel attrait pour celui qui voudra

TABLEAUX DU « CAFÉ DES PIERROTS »

Dessin de COLL-TOC.

jamais dresser l'iconographie de Pierrot, car c'est, je crois, la suite la plus complète qui ait été faite dans l'ancien esprit de ce personnage classique. N'essayez pas, non plus, de comparer ces Pierrots à ceux de Willette, à moins que vous ne vouliez, justement, établir la différence dans la façon de concevoir, et, par suite, de représenter cette figure du théâtre.

Voici d'abord deux grands tableaux : une scène classique de Mardi-Gras, à l'ancienne barrière du Temple, et une école de Pierrots, mettant à profit leur liberté pour tout renverser, tout bousculer, tandis que le maître, qu'on n'a point vu, apparaît sur le seuil de la porte.

Ce furent, paraît-il, des enfants du voisinage qui posèrent pour cette composition, et comme, chaque fois, cela leur valait une pièce blanche, le quartier enfantin y eut volontiers passé tout entier. Plusieurs des modèles d'autrefois sont restés, pour cette raison, des habitués plus ou moins fidèles du café où ils peuvent ainsi se revoir sous les traits de l'adolescence.

Les deux panneaux : Pierrot jouant de la flûte et Pierrot regardant d'un œil d'envie un avare occupé à compter ses richesses dans une cave, sont, au point de vue de la couleur, les meilleurs morceaux.

Puis viennent, étiquetés par de petites plaques d'émail, comme les vins ou comme les denrées sur les tiroirs de certains grands épiciers, des séries de tableaux intitulés : *l'Orgueil, la Colère, l'Ivresse, la Paresse, l'Envie, la Gourmandise, l'Avarice, le Goût* et même *le Bâillement*, (sic), lesquels, conformément à toutes les banalités de cette espèce, véritables lieux communs de la peinture, représentent Pierrot se mirant dans une glace, s'adonnant à la dive bouteille, sommeillant sur sa table de travail tandis que son précepteur lui tire l'oreille, ou se préparant à fustiger un chien qui s'oublie contre sa table, etc.

Vous pourrez voir encore, dans tous les formats, Pierrot amoureux, Pierrot malade, Pierrot cuisinier, — soit qu'il épluche des oignons, soit qu'il prenne des poissons rouges dans un bocal pour les jeter dans la poêle à frire, soit qu'il aille chercher des fruits dans une corbeille, — Pierrot au café se plongeant dans la lecture du *Journal Amusant*, Pierrot à Mazas, Pierrot donnant la bouillie à un moutard. — Ici il est en partie fine avec Colombine, Arlequin et Polichinelle, faisant la cour à Colombine, tandis qu'Arlequin dort accoudé sur la table et que Polichinelle a déjà roulé en dessous. Là, il est aux écoutes, à la porte de Colombine, tandis qu'Arlequin, armé de sa batte, se prépare à l'en frapper, ou bien il disparaît sur la terrasse d'un jardin, alors que son heureux rival est au bas de l'escalier, l'air vainqueur.

Autre part, enfin, transformé en chanteur des rues, il tourne l'orgue et chante : *Petits oiseaux*, ce qui fait aboyer tous les chiens des alentours ; on le voit encore, au lit, se préparant à recevoir l'instrument de Thomas

L'ÉCOLE DES PIERROTS AU « CAFÉ DES PIERROTS »

Dessin de Cott-Toc.

Diafoirus et le sujet intitulé la *Mort du pierrot* peut, si l'on veut, servir de conclusion, car il représente Pierrot tenant dans ses mains un oiseau mort.

Certes ce n'est point là la décoration moderne, telle que nous la comprenons; à vrai dire, ce n'est même pas de la décoration, mais cette façon d'orner, d'égayer la salle entièrement nue d'un café, est assez amusante, assez typique et, à ce point de vue, méritait de prendre place ici.

XVI

LA PALETTE D'OR

La rue de Rivoli paraît être le coin de prédilection des grandes brasseries, décorées, non point dans un esprit fantaisiste mais d'une façon plus ou moins bourgeoisement cossue, avec certaines tendances artistiques cependant. Ici nous retrouvons tapisseries et vitraux comme à la *Brasserie flamande* du boulevard Sébastopol.

Lion Rouge et *Palette d'or*, ces deux établissements se touchent. Tous deux ont, dans le fond, une grande cheminée, mais tandis que le premier s'est payé le luxe de quatre panneaux décoratifs — œuvre picturale plus que médiocre — représentant deux anciens cabarets et deux vieilles vues du quartier, les cabarets du *Lion Rouge* et de l'*Homme Armé*, la *Tour de Nesles* et le *Pré aux Clercs*, le second s'est contenté de transformer ses murs en une exposition de tableaux d'un intérêt

Pompe à bière, en fer forgé.

plus ou moins grand parmi lesquels, toutefois, on remarque deux œuvres connues de Carrier-Belleuse *Matin* et *Soir*. Au *Lion Rouge* ce sont de simples vitres plombées avec cet animal héraldique au milieu, rouge et or, ou avec un jeu de cartes étalé ; à la *Palette d'or* ce sont des vitraux de Willette permettant d'apprécier

VITRAIL DE WILLETTE, A LA BRASSERIE DE « LA PALETTE D'OR ». — Dessin de F. Fau.

sous un jour nouveau les qualités de cet artiste qui me
paraît avoir fait, ici, œuvre plus originale qu'au *Chat
Noir*. Peut-être cela tient-il au fait que sa composition
est moins tassée; qu'elle est plus d'un seul jet; ce qu'il
y a de certain, c'est que le dessin se détache admirable-
ment, qu'il est plus mouvementé, que l'arc-en-ciel qui
vient traverser ce défilé de personnages symbolisant
en quelque sorte les âges de l'humanité, produit un
grand effet, d'un aspect très chaud, très coloré.

Mais le propriétaire de la *Palette d'or* a voulu que
son établissement, dont la cheminée de fond, les portes,
le comptoir, le buffet sont en bois mat avec des rayon-
nants simples et de bon goût, eût dans Paris une spécialité unique. Au milieu de la salle, devant le comptoir, se trouve, en effet, une magnifique pompe à
bière aux supports très artistiques à laquelle on voudrait
voir des feuillages plus fournis et une palette plus
monumentale; mais ces réserves une fois faites, il faut
le féliciter d'avoir pris l'initiative d'un objet bien en
place ici et qui, certainement, ne tardera pas à se rencontrer dans d'autres brasseries.

Le bel art du fer forgé trouvera là matière à de nouvelles fantaisies artistiques.

CHEZ LES JAPONAIS DES BATIGNOLLES. — Dessin de Félix Régamey.

CHAT BLANC — PÉLICAN
DIVAN JAPONAIS

Est-ce tout? Assurément non, chaque jour il en pousse et il en poussera ainsi, tant que cela fera recette, tant que les gogos afflueront. On peut ouvrir ce qu'on voudra à côté de mon établissement, me disait le patron d'une de ces auberges, avec les femmes je ne crains pas la concurrence : si l'on ne vient plus pour les excentricités de la décoration, on viendra toujours pour les servantes.

C'est ainsi que se sont montés le *Chat blanc*, faubourg Saint-Denis, le *Pélican*, boulevard Saint-Martin, la *Brasserie des Ouistitis*, rue de Rivoli, l'*Auberge du Courrier de Lyon*, rue Saint-Antoine. Si la *Brasserie des Oiseaux* n'existe plus, si la *Taverne des Bossus* n'a pas encore pu voir le jour, la maladie n'en fait pas moins, chaque jour, quelque nouveau progrès et s'étend maintenant dans les quartiers populaires.

Voulez-vous entrer dans ce boyau, aux vitres garnies de petits rideaux à raies rouges et blanches? Cela s'appelle le *Chat blanc*, est servi par les fameuses femmes en travesti dont j'ai parlé plus haut, a une cheminée de campagne avec la marmite au milieu, laisse voir aux murs les poutres de traverse, ou bien quelques intentions picturales, des dessins au trait qui jouent à l'Epinal de la fresque. Ici, les chats triomphent sous toutes les formes, et chacun de ces sujets au contour plus que primitif est entouré d'inscriptions en bande- roles parmi lesquelles on peut lire :

Concert en scie bémol. — Concert chabanesque et trémolo. — Partie de Chat-huant. — Pour faire un civet, prenez un chat. — Voulez-vous accepter mon bras? (un chat en cha- peau de soie qui offre son bras à une chatte).

Cela suffit à juger l'œuvre, exécutée à forfait par un entrepreneur au mètre. A part cela, l'intérieur, avec le plafond aux poutres grossières, avec les lampes de forme ancienne, a bien l'aspect d'une auberge de la basse Bretagne. L'établissement a encore un sous-sol qui, orné d'instruments aratoires, doit représenter une ferme normande. Le plus curieux est sans contredit le vieil escalier qui y conduit et dont les marches usées nous rappellent que les maisons du faubourg Saint- Denis ne sont pas de création toute récente.

Ce *Chat blanc*, sous sa forme vulgaire, a certainement plus de caractère que le *Cabaret du Pélican*, ainsi nommé par suite des peintures qui le décorent; les panneaux, qui représentent un nègre charmant ces intéressants animaux au son d'une cornemuse, affichent en effet certaines prétentions artistiques et ne montrent cependant pas chez leur auteur de bien grandes qualités esthétiques.

Si, maintenant, vous voulez voir de quelle façon l'on transforme un vulgaire café de quartier en un établissement exotique, transportez-vous au haut de la rue des Martyrs, à cette ancienne brasserie qui fit déjà parler d'elle sous le nom de *Café de la Chanson* ; montez quelques marches et vous vous trouverez au *Divan Japonais*, ainsi nommé, sans doute, parce que tout y est chinois.

Dans cette fumisterie de haut goût qu'on a essayé de rendre plus piquante en confiant le service à des dames japonaises — encore plus chinoises que le reste — vous retrouverez le matériel du café parisien devenu par un subit changement de décor du japonisme d'occasion. Le billard se peint en bleu et rouge et on y colle des baguettes de bambou. Aux becs de gaz on ajoute des petites clochettes, aux murs on applique des grands panneaux sur soie, comme il s'en trouve en certains magasins. Le comptoir reçoit également une teinte dans ce bleu et ce rouge qui sont particuliers aux peuples de l'extrême Orient. D'anciennes chaises Louis-Philippe, en acajou, sont badigeonnées avec une couche de vernis noir, le plafond se plaque en or avec des ornements de fantaisie, et tout est dit. La farce est jouée ; le patron peut crier : *Servez chaud !*

O Parisiens, mes frères !

XVIII

TAVERNES DU QUARTIER LATIN

Tavernes, cabarets, bars et brasseries, tout cela pullule dans le quartier Latin : rue Monsieur-le-Prince, rue Racine, rue des Écoles, rue de l'Ancienne-Comédie, rue Saint-Jacques, rue Champollion, rue Cujas, rue de Rennes. Beaucoup de ces établissements n'ont pour ornement que les affreuses vitres en couleur de la devanture, ou ces imitations de vitrail, d'un goût encore plus douteux, qui tendent à se répandre un peu partout.

Quant aux autres — je veux parler de ceux qui sont décorés à l'intérieur, — lorsqu'on en a vu un, on les a tous vus. Composés, généralement, d'une ou deux petites pièces se suivant, ils sont ornés ou de tentures modernes ou même de papiers peints imitant la tapis-

serie ; sur les murs, c'est un assemblage de toutes sortes :
eaux-fortes aux cadres d'or ou de peluche, parasols
japonais ou statuettes chinoises venant en droite ligne
des grands bazars, faïences, bambous et babouches
turques. Quelquefois un ou deux petits meubles, étagère
vitrée, ou buffet identique, laissant voir des porcelaines,
des étains, des tabatières. Tables et chaises en bois ciré
qui sont, souventes fois, d'assez joli modèle.

Comme ensemble, le tout produit un effet harmo-
nieux, a l'air confortable, surtout à cause de l'exiguïté
du local. Il en est ainsi, dans le quartier, qui avec
leurs lanternes et leurs appliques en fer découpé, vous
ont l'aspect de petites bonbonnières. La devanture,
aux vitres laissant passer discrètement la lumière, mais
ne permettant pas de distinguer, depuis le dehors, les
objets, produit aussi son effet, et rappelle, pourvu
qu'on y mette quelque bonne volonté, les anciennes
tavernes.

La vérité, la voici : moitié brasserie, moitié tout ce
qu'on voudra, à condition qu'on n'y cherche pas une
école de maintien, ces établissements sentant le fard
et la poudre de riz, sont souvent coquettement arran-
gés ; d'autres fois, sales et délabrés, offrant ce je ne
sais quoi d'écœurant des lendemains de *nopces* banales,
ils montrent bien que, pour ceux qui les fréquentent,
les femmes en constituent le principal attrait. La décoration n'est là qu'un accessoire, une satisfaction donnée
au goût du jour. C'est dans un de ces caboulots, où se

trouvent quelques intentions de peintures, que la maîtresse de céans disait, après un essai malheureux de nettoyage qui fit disparaître force couleur : tout cela va être remplacé par des glaces, ce qui pourra au moins se laver facilement, et sera plus agréable pour *les dames*, lorsqu'elles voudront se coiffer.

Autrefois, — il y a vingt ans, — quand ces sortes d'établissements commencèrent à pulluler dans le quartier Latin, cela s'appelait : *le Caprice, la Perle, le Désir, la Source, le Plaisir ;* maintenant, comme le dernier bourgeois, tout cela couvre son papier peint, ou se lance dans les toiles peintes, — ceci dit sans calembour — car en ces caboulots d'un genre particulier, on semble n'estimer que ce qui est peint sur toile. Vive la chromo au grain de la toile : elle règne, ici, en maîtresse.

Dans un de ces coins, pompeusement décoré du titre de : *Cabaret de Pantagruel,* arborant un vitrail de Champigneulle avec deux lansquenets plus ou moins bien campés, au plafond et aux boiseries simples et de bon goût, — un poëte dont le nom apparaît quelquefois sur les programmes de la *Concordia* ne fut pas étranger à sa création, si j'en crois la chronique galante de l'autre rive — j'ai retrouvé avec plaisir une série de pochades de Faverot, consacrées presque toutes aux clowns et aux gens de cirque. Combien n'est-il pas regrettable que cela soit placé pêle-mêle sur les murs, au lieu d'être sous forme de panneaux, encastré dans des cadres de bois mat !

Un autre de ces établissements, le *Coucou*, sis rue Monsieur-le-Prince, qui eut, le premier, de jolis fers forgés, s'intitule : *Brasserie du style Charles IX le plus pur*. N'est-ce pas lui qui, voulant jouer au coin artistique et littéraire, se fit rédiger par un maître ès-fumisterie, la petite réclame suivante :

« Là, dans des coupes de bronze finement ciselées, les grands peintres et les grands poètes viennent, tous les soirs, déguster la cervoise ou le doux hydromel. Nous y avons vu très souvent, — *très souvent* est joli — MM. Zola, Paul Alexis, Coppée, Léon Bloy, Alph. Daudet, de Goncourt, fumant gravement leurs pipes orientales, perdus dans des rêveries asianesques que les grands yeux des Hébés qui servent à boire font si facilement naître. Certes, Héloïse, Jeanne, Toto, auraient eu, au siècle de Périclès, des autels et des temples ; et le *Coucou* a grandement raison d'être la chapelle où elles versent, gracieuses et belles aristocratiquement, la douce boisson qui fait oublier le bourgeoisisme de la vie. »

Certes, la réclame pour *ce coin bizarre, harmonieusement*, — le mot n'est pas de moi — est affriolante, mais si vous ne voulez pas être désillusionné, n'allez

pas au *Coucou*, car vous n'y trouveriez ni coupes finement ciselées, ni grands peintres, ni grands poètes.
Par contre, il se peut — n'y ayant point goûté, je
ne suis pas apte à en juger, —
que l'hydromel soit divin, et que
les beautés qui répondent aux
doux noms d'Héloïse, Jeanne,
Toto, soient *belles aristocratiquement*, — ne les ayant point vues,
je veux bien le croire.

Taverne du *Furet*, taverne du
Faucon, taverne de la *Chouette*, *La Roussotte*, *Brasserie
des Anciens*, cabaret du *Lapin blanc* rentrant dans la
catégorie des auberges de campagne, *Brasserie de la
Chatte blanche*, dont les panneaux peints sous forme
d'esquisses, aux personnages Louis XIV, rappellent
les images d'Epinal du Chat-Botté, tout cela se ressemble. Et pour que la rive gauche n'ait, désormais,
plus rien à envier à la rive droite, une restitution
historique vient d'être également tentée de l'autre
côté, avec un cabaret Directoire, dit *Cabaret des
Patriotes*, annonçant pompeusement l'ouverture des
Jardins d'Hébé. Cela se trouve au coin de la rue
Cujas et de la rue Toullier, a une enseigne aux
trois couleurs, des rideaux idem, les uns tout rouges,
les autres à petites raies bleues et blanches, des petites
fenêtres genre *Auberge des Adrets*. A l'intérieur, deux
panneaux décoratifs entourés d'ornements Directoire

représentent la Danse et une scène de la mère Angot :
le service y est fait par des femmes en merveilleuses et
des garçons en forts de la halle, tandis que le chasseur
est en incroyable. Sur la carte, je lis : *mobilier de l'é-
poque*. Et il faut reconnaître, en effet, que de louables
efforts ont été tentés pour arriver à une restitution
qui fut un peu dans le caractère. Chaises, tables et

comptoir d'acajou, aux appliques en cuivre, lustres
et petites draperies frangées dans le haut, tout cela est
bien assorti : je doute fort, cependant, que les merveilleuses de la rue Cujas fassent merveille.

La vraie brasserie, décorée de... vraies peintures,
devient chose plus rare à rencontrer au quartier Latin
depuis que le *Cochon fidèle* et la *Brasserie Mürger*,
n'existent plus. Transportons-nous, pour cela, dans
l'étroite rue Champollion, une des rues de Paris qui
ne voient pas souvent luire le soleil, et entrons à la
brasserie du *Monôme*, qui doit son nom à la prome-

PEINTURE DÉCORATIVE A LA «BRASSERIE DU MONOME»

Dessin de Coll-Toc, d'après A. Pxuës.

nade bien connue de tout Parisien, qu'entreprennent
à certaines époques les jeunes gens des écoles.

En cette grande salle un peu surélevée, où l'on parvient au moyen d'un escalier de quelques marches,
aucun luxe autre que celui des décorations picturales.

Ancienne Brasserie Murger
d'après un dessin de Randon dans le Journal Amusant.

Tables et siéges appartiennent au mobilier de l'établissement vulgaire, genre des immenses brasseries qui
entourent la Bastille. Les peintures, d'un assez grand
effet, sont loin d'être d'une valeur égale, mais quoique
les noms de leurs auteurs ne soient pas connus, l'on
peut affirmer que ceux-ci possèdent déjà une certaine
habitude de la décoration murale.

Dans le fond deux grands croquis d'intérieurs de brasserie ; étudiants et étudiantes attablés devant leurs bocks, menant en un mot joyeuse vie, et déguisés du Mardi-Gras, faisant irruption dans l'établissement, en renversant tout sur leur passage. L'un est signé : A. Pagès, l'autre A. Calbet.

De ce dernier, sont également deux scènes de la *Vie de Bohême*, aux personnages habillés à la mode de 1850, qui pourraient servir d'illustrations pour les œuvres de Mürger : étudiants et grisettes en promenade aux environs de Paris, étendus sur l'herbe, et étudiants dans leur chambrette — on croyait encore aux greniers à cette époque, — jouant du cor et de la guitare, tandis que Mimi Pinson fait des agaceries à son amoureux. Le vacarme est tel, que le propriétaire réveillé par les voisins, entre gravement, son bonnet de coton sur la tête.

Ces quatre grands panneaux qui font la tache sont essentiellement décoratifs. Le reste est moins bon. L'artiste qui a représenté un étudiant assis par terre, des bouteilles à la main, sur ses genoux une pipe et une tête de mort, tandis que, derrière lui, légèrement indiquées, sont, comme perdues dans les nuages, une fille de brasserie et une *Grille d'égout* quelconque, esquissant un cavalier seul, cet artiste, dis-je, a peut-être eu une pensée fort morale, mais l'exécution est faible, plus que faible.

Je ne parle pas, non plus, de la ronde de Pierrots

et de femmes, ni d'un bonhomme étendu ivre-mort
contre un bec de gaz. Ces deux panneaux ont beau
être signés Villate — droit que peut posséder tout le
monde — à qui fera-t-on jamais croire que ce sont des
Willette !

Entre Willette et Villate, il y a toute la distance qui
sépare l'artiste du gâcheur.

Signalons encore un petit tableau de Calbet, *Au
Moulin de la Galette*, l'hôtelier sur la porte de son
moulin se préparant à recevoir les gens qui lui arri-
vent, et deux sujets signés du nom espagnol de
Amædo Villaca, un bal masqué, une représentation
publique au moyen âge, possédant, en effet, tout le
chaud coloris de la peinture espagnole.

A côté de la Brasserie, est le bar du même nom, petit caboulot au vulgaire comptoir de zinc, avec quelques mauvaises esquisses semées à tort et à travers, le fond étant occupé par trois personnages qui se donnent la main et sont censés représenter un musicien, un peintre, un poète. Ceci comme curiosité pour les dessous du Paris-Cabaret et nullement au point de vue pictural.

Tel quel, l'établissement de la rue Champollion présente un caractère tout spécial, la plupart des locaux de quelque étendue, rares à Paris, étant presque toujours situés dans les quartiers populaires, où ils ne brillent que par la complète nudité des murs.

XIX

L'ART DANS LES BAS-FONDS

CHEZ LE PÈRE LUNETTE

Faire entrer le cabaret de la rue des Anglais connu sous le nom de *Au Père-les-Lunettes*, par suite des grandes lunettes en cuivre que portait son fondateur, dans un volume sur les brasseries artistiques, c'est, peut-être, pousser un peu trop loin l'idée décorative. Mais il s'agit d'une des curiosités de Paris. Je ne puis résister au plaisir d'en donner un croquis, d'autant plus que les intentions de dessins qui ornent les murs de ce caboulot fréquenté par la fine fleur de l'écume parisienne, sont aussi intéressantes pour l'étude des mœurs que les peintures des brasseries à femmes.

Cela se trouve dans une arrière-boutique, pas beaucoup plus grande, dit fort bien Wolff, que l'intérieur d'un omnibus. « Des artistes inconnus ont décoré les

murs de dessins ; ici, un pochard vomit le vin contre
le mur ; là-bas deux pick-pockets font le mouchoir à
un Anglais en contemplation devant une affiche ; plus
loin un Alphonse cause sous une porte cochère avec
une femme qui lui remet de l'argent. Et le brillant
chroniqueur du *Figaro* ajoute :

« L'auteur de quelques-unes de ces illustrations est
connue ; c'est cette femme encore jeune, aux cheveux
bouclés qui encadrent son visage pâle et intéressant...
sa première jeunesse a été laborieuse ; elle prétend
avoir dessiné des illustrations pour la librairie Ha-
chette, et elle affirme qu'il s'en est fallu d'un rien
qu'elle n'eût une médaille au Salon. Ce qui est certain, c'est que cette fille dessine, je ne dirai pas avec
talent, mais avec une certaine habileté. »

J'ignore à quelle époque exacte, Wolff a visité ce
bouge fréquenté uniquement, s'il faut en croire son
propriétaire, par d'honnêtes pères de famille, mais ce
que je sais, c'est que l'auteur des peintures actuelles
est le petit bonhomme qui s'est représenté lui-même
au bas des chefs-d'œuvre dont le dessin de Fernand
Fau nous donne un si intéressant spécimen. Or, ledit
ne serait autre qu'un nommé Lagarde, ancien élève de
l'Ecole des Beaux-Arts, ce dont cette dernière a le
droit de ne pas être fière. Comme on peut le voir, Zola
et surtout Gambetta semblent tenir une certaine place
dans les préoccupations des habitués de l'établissement.

Dessin de FERNAND FAU.

C'est encore à titre de curiosité que je crois devoir reproduire quelques passages d'une pièce de vers que son auteur, un homme de lettres qu'*avais évu des malheurs*, récitait d'ordinaire à l'arrivée des visiteurs de marque, pièce de vers qui nous fait connaître par le menu les merveilles du Père Lunette, depuis le banc

> Où le beau sexe en titubant
> Souvent s'allonge. [1]

Voici, dans un style plus ou moins gazé, la description des tableaux que notre poète qualifie de *riches en couleur* et *pleins de malice*.

> Les pieds posés sur un dos vert
> Une Vénus de la Maubert
>   Mise en sauvage
> Reçoit des mains d'un m...
> Une cuvette pleine d'eau
>   Pour son usage.

> Cassagnac (on ne sait comment)
> Arrive juste en ce moment,
>   Toujours sévère,
> Et Gambetta plus libertin
> Fixe ardemment sur la p...
>   Son œil de verre.

. . . .

. . . .

[1] Ce poète attitré du *Père Lunette* n'était autre qu'un ex-clerc de notaire, aujourd'hui décédé, Jean Antissiés. La pièce dont il s'agit, intitulée : *Description de la salle du Père Lunette* se dit toujours, Antissiés ayant eu un remplaçant.

La charmante fleur de Péché
Dont le front rêveur est penché
   Sur une verte,
De ses charmes dus au pastel
Tient sur le boulevard Michel
   Boutique ouverte.

Liqueur qui tues ! Amour qui perds !
Prostitution ! Poison vert !
   La même étreinte
Semble vous avoir confondus
Vous, par lesquels tous sont perdus !
   P.....! Absinthe !

   . . . .

En costume de chiffonnier
Diogène, vieux lanternier,
   Observe et raille,
Semblant tout prêt à ramasser
Les hontes qu'il voit s'entasser
   Sur la muraille.

Et voilà comment, allant chez le Père Lunette, vous trouverez, sans parler des ivrognes qui s'oublient, peinture et poésie, le tout bien entendu, à la portée des habitués.

Voici encore sur la première salle de cet étrange cabaret quelques détails intéressants que j'emprunte à un article de M. Oscar Méténier paru dans le *Figaro littéraire* de décembre 1885 :

Plus longue que large, la salle du Père Lunette est partagée en deux par une cloison vitrée. La première partie est occupée par le comptoir d'étain, derrière lequel trône la mère Mary.

En face, sur un rayon, des petites barriques de liqueurs, sur lesquelles sont clouées des caricatures dues au crayon de Fantin ou de Jacques [1]. Ce sont les portraits des habitués de la maison, des *artistes*, ou bien simplement des fantaisies avec des légendes, comme celle-ci, par exemple : Au-dessous d'un chiffonnier, qui fouille un tas d'ordures sur lequel il projette les rayons de sa lanterne :

Une lanterne qui rapporte moins que celle de Rochefort !

Au-dessus des barriques, trois grands portraits très ressemblants : celui du père Mary, de sa femme et de son fils.

Sur les murs, des avis :

— ICI, ON PAIE EN SERVANT. — NE TOUCHEZ PAS AUX PEINTURES, SOUS PEINE D'AMENDE. — LES CHANTS SONT INTERDITS APRÈS ONZE HEURES.

---

[1] Jacques de Chanterive a appartenu à la rédaction d'un grand journal du matin. Il dessine et pour un franc exécute en cinq minutes le portrait des clients.

V

LA DÉCORATION EN PROVINCE

I

LES BRASSERIES DÉCORÉES DE LYON

Si la première ville de France n'a pas de taverne moyen âge, si ses artistes n'ont pas encore un *Chat-Noir*, si les excentricités de la brasserie travestie ne l'ont pas encore gagnée, elle peut être, malgré cela, fière de sa supériorité sur Paris, car bien mieux que la capitale, jusqu'à ce jour tout au moins, elle a compris la vraie décoration de la brasserie. Cela tient, sans doute, au fait qu'elle fabrique la liqueur du dieu Gambrinus et qu'elle a, de longue date, des établissements présentant les conditions voulues pour une bonne décoration.

Immenses et longues constructions, les brasseries

lyonnaises ne brillaient pas par leur luxe: les tables massives paraissaient plutôt taillées en plein tronc d'arbre et les chaises, établies sur le même modèle, étaient loin d'être confortables, mais elles avaient pour elles l'élément principal, la condition essentielle en matière de décoration: l'espace. Il ne s'agissait, en effet, que de rencontrer un brasseur ayant des tendances artistiques et un peintre possédant le sens de la décoration pour transformer leurs murs nus, d'aspect triste et froid, en autant d'intéressants panneaux, venant amuser ou intéresser le consommateur.

Cela eut lieu en 1882 : la maison Hofherr fit alors décorer un des grands établissements qu'elle possède par un artiste de la contrée, Saint-Cyr-Girier, qui, depuis ce moment, paraît devoir être le peintre attitré de la brasserie. Son genre, si l'on en juge par les panneaux qu'il a exécutés, c'est le paysage ; après une série de sites algériens, il vient d'achever, pour M. Hofherr également, deux vues panoramiques des Alpes dauphinoises, immenses toiles ne mesurant, chacune, pas moins de quinze mètres de long sur quatre de haut, et représentant, l'une *la plaine de Grenoble*, l'autre *la dent de Moirans*.

Cette introduction de la nature dans la brasserie n'est certes pas mauvaise, surtout si l'on a soin, dans une œuvre semblable, de faire vrai et exact. En poussant à l'extrême le côté positif des choses on pourrait donner ainsi tout un cours de géographie. Peut-être faut-il reprocher à ces grands panneaux de M. Saint-Cyr-Girier une certaine monotonie qui tient, il est vrai, encore plus aux sites représentés qu'à la facture de l'artiste, un coloris trop uniforme et surtout l'absence de tout feuillage vert, mais l'ensemble ne présente pas moins une grande habileté, surtout dans le panneau montrant le cours de l'Isère qui, d'emblée, saute à l'œil.

M. Edmond Jumel, un auteur lyonnais, récemment décédé, qui a traité cette question des cafés décorés, disait fort bien :

« L'idée est assez heureuse, mais l'artiste a oublié qu'en général, dans tout panorama, ce qui constitue le jeu de l'illusion ce sont les accessoires *nature* des premiers plans qui, de prime-saut, accrochent le regard, le distraient, le retiennent et ne le laissent se fixer sur la toile de fond qu'entraîné à la croyance de la réalité. Ici la toile de fond est placée, mais le décor n'est pas planté. M. Girier est un paysagiste de talent, nous nous hâtons de le reconnaître, mais il n'a pas le sentiment de la grande décoration. »

Si je reproduis ici cette appréciation, c'est qu'elle peut s'appliquer à beaucoup de nos artistes qui, presque tous, se bornant au tableautin, ont peu à peu perdu ce sens. La tentative du peintre lyonnais n'en est pas moins intéressante et hardie, surtout si l'on songe que nous sommes encore, dans cet ordre d'idées, au médaillon reproduisant des vues de ville, alors que l'idéal

serait le décor grandeur nature animé de quelques personnages et surtout présentant au premier plan la plante
et la fleur du pays traitées avec la plus stricte exacti-
tude.

Mais la nouvelle brasserie Hofherr ne s'est pas con-
tentée de vues panoramiques ; elle a chargé un autre
peintre décorateur de la contrée, Domer, qui a déjà exécuté à Lyon des travaux intéressants, les plafonds des
théâtres Bellecour et des Célestins entre autres, de peindre deux grandes toiles de fond bien en place ici : *le
Triomphe de Gambrinus* et le *Triomphe de Bacchus*. Voici
d'après M. Jumel, le détail de ces deux compositions
traitées largement, dans un esprit réellement décoratif,
c'est-à-dire possédant le mouvement, les grandes lignes
architecturales et l'intensité du coloris.

« D'abord la glorification du vin. Silène aux trois
quarts ivre, soutenu sur son âne par un satyre vigoureux et trapu, tend encore sa coupe à deux enfants ailés
qui la remplissent du jus de grappes mûres. Deux Bac-
chantes accompagnent le groupe principal : l'une, drapée
dans des voiles roses d'une transparence voluptueuse,
joue du tambour de basque tout en dansant, tandis
qu'un petit œgypan se trémousse à côté d'elle ; l'autre, fatiguée et alourdie par le vin, vient de tomber aux
pieds même de l'âne, que retient un petit amour com-
patissant.

« L'âne, du reste, est trop occupé à brouter un gigantesque chardon pour bouger.

« A l'arrière-plan se dresse dans l'azur la statue de Bacchus, dont le piédestal disparaît sous les fumées de l'encens brûlé en son honneur. »

Voici d'autre part le sujet du *Triomphe de Gambrinus* :

« Au milieu du tableau, Gambrinus, la couronne en tête, et revêtu, sous sa pourpre, de la cotte de mailles du soudard teuton, s'avance sur un vigoureux cheval gris pommelé que conduit par la bride un jeune page.

« Le héros légendaire semble porter un toast au public en soulevant dans sa dextre un vidrecome en vermeil repoussé dans lequel mousse la bière et qui remplace avantageusement la *schoppe* traditionnelle des images d'Epinal. En avant de Gambrinus, deux femmes, drapées de tissus crème saumon tendre, s'avancent d'un pas tranquille et, dans la poussière soulevée par le cortège, s'entrevoient un échanson portant une aiguière d'or et un héraut sonnant de l'olifant; au loin, sur un ciel gris, s'enlève la flèche d'une cathédrale gothique.

« C'est l'Allemagne, sa brume et sa bière s'accusant nettement à côté de la Grèce, de son soleil et de son vin; le contraste est bien souligné. »

J'ajouterai que ce sont des sujets comme la brasserie en comporte, comme on voudrait en voir dans les établissements parisiens si nous cherchions un peu plus l'art, un peu moins le bibelot et surtout le scandale, cette providence des grosses recettes.

Deux mots, maintenant, sur la façade dudit établis-

sement, façade assez lourde, agrémentée de faïences. sur
lesquelles on comptait, évidemment. pour donner
à l'ensemble un aspect plus gai; « malheureusement »,
dit M. Jumel à qui nous avons encore recours ici,
« elles ne servent qu'à l'assombrir parce qu'elles pro-
cèdent un peu trop des colorations neutres du pain
d'épices aux amandes. Une balustrade assez massive
quoique ajourée sert de couronnement à cette façade
tout en étant coupée, en son milieu, par un fronton
arrondi que domine un vase évidemment extrait d'un
gigantesque service de table.

« A l'intérieur, des boiseries dont les pilastres répondent à ceux de la façade servent de cadre aux peintures,
et au milieu du plafond s'ouvre un ciel ouvert, serti de
vitraux de couleur dont le style byzantin ne s'harmo-
nise qu'à moitié avec certains détails Renaissance du
reste de l'ornementation générale. Cette ornementation
est complétée par six lustres en bronze florentin, quatre
petits et deux grands; ces derniers, avec dômes, potence
et retombées, sont de vrais monuments. »

Mais Lyon, où le sentiment de la décoration paraît
être assez développé, ne possède pas que des brasseries.
Si avec le café nous retombons dans le classique
plafond peint, il convient cependant de mentionner les
peintures de Domer à la *Maison Dorée*; une *Fête de
Bacchus*, puis, sous forme de panneaux traités un peu
dans la note XVIIIe siècle, des groupes d'amours, des
fleurs, des oiseaux exécutés avec beaucoup de brio

et de délicatesse. Un autre établissement, l'*Estaminet des Beaux-Arts*, a reçu des peintures d'un artiste, également lyonnais, M. Levigne, représentant sous les traits de jeunes et gracieuses femmes — l'éternel cliché — la Musique, la Sculpture, la Peinture, l'Architecture, sujet plus que banal, on le voit, mais traité avec finesse, et d'un coloris séduisant, malgré la mignardise des enfants roses et potelés. N'insistons pas.

Lyon, qui a des brasseries comme Paris n'en possède pas, a voulu, à l'imitation de la capitale, avoir son Auberge des Adrets dite ici : *Auberge du Sabot blanc*, et où, suivant l'enseigne, on ne loge ni à pied ni à cheval. Fenêtres aux petites vitres ornées de rideaux à carreaux rouge et blanc, portes à loquet, pichets, puits de cuisine, cheminée à manteau, rien n'y manque.

Cela va-t-il devenir une maladie, une épidémie, comme à Paris? Peut-être bien, mais, quoi qu'on fasse, rien ne pourra présenter le cachet tout particulier des établissements Hotherr.

II

LES CAFÉS DE ROUEN [1]

Une petite plaquette connue des amateurs seuls, nous renseigne sur les cabarets de Rouen en 1556, et l'on peut dire qu'ils étaient nombreux. Cette plaquette est le *Plaisant Quaquet et resjuyssance des femmes pour ce que leurs maris n'yvrognent plus en la taverne,* publiée l'année même où le roi Henri II rendait une ordonnance défendant aux cabaretiers de recevoir chez eux autres gens qu'étrangers et passants.

Cela équivalait, en quelque sorte, à la suppression de la beuverie. « Parquoy Taverniers sont faschez » porte le titre de ce pamphlet, « et devront aller apprendre austres mestiers. »

De tous les titres enchâssés dans les vers imprimés par le Rouennais Jacques Aubin, il ne reste plus guère

---

[1] Ce chapitre est rédigé d'après les notes qui m'ont été remises par M. Jules ADELINE.

LE DÉBIT DU « PÈRE LAPIN », A ROUEN
Dessin de Jules Adeline.

de souvenir. Cependant, quelques rues de Rouen portent encore les noms d'anciennes auberges, la rue de
la *Croix de Vert*, par exemple. Si l'enseigne primitive
a, comme la maison du reste, disparu, un débit étale
encore ce titre peint en lettres modernes sur la devanture. Mais plus de pignons sur rue, plus de plaques de
tôle découpée, plus de sujets naïvement peints et plus
naïvement dessinés : si parfois, au milieu de toutes les
banalités modernes, apparaît quelque curiosité, ce sont
les *Trois Empereurs*, images grotesques, bien malgré
leurs auteurs, qui seraient fort étonnés de ne pas être
pris au sérieux.

N'est-il pas surprenant, toutefois, de ne rencontrer
dans la capitale de la Normandie aucune auberge typique, bien réellement du crû, avec les amusantes
faïences populaires de la contrée, servie par des Cau-
choises au costume classique ?

Ceci dit, passons en revue les cafés de Rouen, ornés
de décorations plus ou moins artistiques, plutôt moins
que plus.

Au rez-de-chaussée du théâtre des Arts, propriété
municipale, on peut voir les deux cafés modèles du
Rouen moderne, avec tentures à reflets mordorés, plafond en mosaïque avec bronzes et feuillages repoussés
et médaillons allégoriques. L'un de ces cafés a même
des salons dans lesquels, à diverses reprises, on a or-
ganisé des expositions libres de beaux-arts.

Place du vieux Marché est un café dont les dessus

PEINTURE MURALE (!!)
Au débit du « Père Lapin »
Dessin de Jules ADELINE.

de porte, les dessus de glaces, sont remplis de petites
toiles représentant les principaux personnages des *Bi-*
belots du diable. Ces peintures passablement enfumées,

exécutées vers 1860 par Lacombe, alors au théâtre
de Rouen — cet acteur fut, depuis, à la Renaissance
et au Palais-Royal — ont été réparées il y a peu de
temps.

Café Jean-Bart, décoré de panneaux, peints il y a
longtemps déjà, ayant fort poussé au noir, et dont la
noirceur est encore augmentée par les lambris blancs
soigneusement rechampis. Ces panneaux retracent
d'une main barbare des épisodes de la vie du célèbre
marin. Au centre du plafond est une mappemonde
environnée d'un cercle d'étoiles, puis, au delà, des
flocons de nuages — toujours suivant des cercles
concentriques — et sur ces nuages des navires de tous
tonnages, de toutes nations, toutes voiles au vent,
tournés tous de même, et semblant marcher comme le
décor d'un manège de chevaux de bois.

Ici est un café avec des panneaux décorés d'allégories, peintures poussées au jaune rappelant d'atroces
Voillemot, quatre saisons aussi conventionnelles que
mauvaises ; là une noce normande, peinture de Voïs,
plus que médiocre ; autre part une reproduction de
Bentabole, l'artiste rouennais dont les marines ne sont
certes pas sans valeur. Un cafetier nouvellement établi,
a fait décorer les murs de son vestibule de plantes exotiques, peintes avec une audace qui n'a d'égale que son
inexpérience.

Pour trouver quelque couleur, il faut se transporter
rue de la Savonnerie, à deux pas du théâtre des Arts,

c'est-à-dire du Rouen moderne et brillant. Là existe un antre noir et horrible dit *débit du père Lapin* et décoré — puisque la langue française ne nous fournit pour cela aucun mot propre — de vues de Rouen. Sur l'un des panneaux se développe une vue des quais peinte à l'huile, avec le Pont suspendu démoli en 1885 et dont l'arcade centrale était si pittoresque. Voilà pour le décor.

Quant aux personnages qui constituent la clientèle habituelle de ce coin, qu'on se figure des hommes, noirs de charbon, aux vêtements sordides et déguenillés, parfois demi-nus, des *soleils* en un mot, c'est-à-dire les ouvriers qui travaillent au déchargement des navires. C'est là un des coins pittoresques du Rouen maritime ; cela a même un aspect artistique assez séduisant, mais serait plutôt à classer dans les *bas-fonds* que dans les élégances de la décoration. C'est un *Père Lunette* normand, d'une autre espèce, il est vrai, que son confrère parisien.

III

LE CAFÉ DES OISEAUX A BAR-LE-DUC

Etablissement unique, peut-être, ne pouvant, à aucun titre, figurer dans la catégorie des brasseries genre moyen âge, et n'ayant aucun rapport, non plus, avec les grands cafés modernes, le *Café des Oiseaux*, à Bar-le-Duc — ne pas confondre avec le couvent du même nom — est, en entier, garni de vitrines, renfermant non seulement des oiseaux de tous pays, mais encore des quadrupèdes, des reptiles, des lépidoptères, et aussi des armes, des pipes, le tout bien classé et arrangé avec goût. Autour des colonnes d'appui s'enroulent des serpents. Comme on le voit, c'est un aspect tout à fait particulier.

Situé dans le bâtiment du théâtre, ce café-musée dont la construction remonte au second Empire est une

LE CAFÉ DES OISEAUX À BAR-LE-DUC, d'après une lithographie.

particularité dans l'histoire de la décoration des établissements publics [1].

[1] Je dois la communication de ces renseignements et de la grande planche qui les accompagne à MM. LAGUERRE, bibliothécaire de la ville de Bar-le-Duc, et MAXE-WERLY, un amateur qui collectionne avec soin tout ce qui a rapport à la contrée.

II

BRASSERIES
ET CABARETS

D'ALLEMAGNE

D'ALSACE ET DE SUISSE

Strasbourg — Munich
Francfort — Leipzig — Berlin
Zurich — Berne.

I

LE PAYS DE LA BIÈRE

ET LA GRETCHEN MODERNE

Connais-tu le pays où le houblon fleurit, le pays où
la liqueur d'or mousse dans les brocs en grés, où Gambrinus est Roi, où il a ses journaux, sa littérature, son
art ; où, les soirs de *beuverie*, les villes se transforment
en un immense lac de bière ; le pays des *Bierkneipe*,
des *Bierkravall*[1], des *Biermamsell*, des *Biermerkell*[2].

[1] Troubles produits par suite d'une augmentation sur le prix
de la bière.

[2] Signe distinctif, souvent un capuchon tricoté orné de devises,
qui se place sur le bouton du couvercle, lorsque le broc est vide,
et qu'on entend boire de nouveau.

Si oui, lecteur, tu te retrouveras, ici, en pays ami, si non, tu feras connaissance avec ces temples où l'humour gambrinale s'épand sur les murs en décorations si joyeuses.

La bière ! Un monde qui a son architecture, sa peinture, sa musique, ses jardins, ses victuailles, ses déesses ; tout un peuple de croyants, et de serviteurs fidèles [1].

La Brasserie ! La maison commune, le Walhala terrestre où riches et pauvres voient disparaître entre eux toutes les inégalités sociales. C'est la richesse, ce sont les honneurs. Les Fugger prêtaient à Charles-Quint, un Pschorr pourrait acheter la couronne de Bavière et payer les dettes du royaume.

Qui n'a pas vu Munich un jour de fête populaire, qui n'a pas assisté à la mise en perce d'un tonneau, et surtout à l'apparition du *Bock* ou du *Salvator,* celui-là ne connaît rien, ne sait rien de la vie gambrinale.

Quand *Salvator,* — attendu comme le Messie par tout bon Munichois — est enfin arrivé, la gaieté populaire ne s'appartient plus : elle s'épand, partout, joyeusement. Voyez les images dites *Salvatorbilder;* aux accords de l'orchestre — où n'en est-il pas ? — tout danse, tout tourne, les couples s'embrassent, se pres-

---

[1] Je renvoie les personnes qui s'intéressent plus particulièrement aux choses de la bière à mon volume *Les Mœurs et la Caricature en Allemagne.* Paris, 1885, Louis WESTHAUSSER, éditeur.

FAÇADE DE LA BRASSERIE « ZUM SPATEN » A BERLIN
D'après un dessin de la *Deutsche Illustrirte Zeitung*.

sent, se bousculent, et la bière coule, à terre, comme
dans les gosiers.

> Qui ne sait ferme et sec lamper à tous moments
> Jamais ne passera pour un bon Allemand,

lit-on, sous une vignette de Josse Amman à la date de
1588. Et depuis lors, ce penchant pour la boisson,
propre aux races germaniques, n'a point diminué. Il y
a des *lois gambrinales*, soit des *Comments*, qui ont été
codifiées par les étudiants. Il y a des *jeux gambrinaux*,
des *ordres gambrinaux*, une *messe gambrinale* (l'usage de
se tutoyer après avoir bu à deux, en croisant le bras);
il y a même le *fantôme gambrinal*.

Bacchus est bien peu de chose à côté de ce *Dieu de
beuverie*, et pourtant le roi bachique a pour lui, de l'autre
côté du Rhin, de nombreux partisans. Je ne veux pour
preuve que ces vers allemands empruntés à la collection des aphorismes tudesques :

> Tous les nobles travaux dont l'Allemagne est fière,
> Nous les devons au vin ;
> Ils n'eussent jamais pu voir le jour par la bière.

Attendons-nous donc à trouver en Allemagne autant de *Weinstube* (étuves à vin) que de *Bierstube* (étuves
à bière) puisque nous avons à faire à un peuple qui
pourrait prendre comme devise — ceci dit sans mauvaise intention — *boire encore et toujours*, et qui emploie
couramment l'expression : *Sauf oder lauf !* (Bois ou

passe au large!), tant celui qui ne boit pas est, pour lui, un être de peu.

Danse sur le tonneau vide du *Salvator*, ô *Lisele*, petite Louise, *Biermamsell* immortalisée par le pinceau de tes peintres, soit qu'un blond Germain te tienne par la

Cette vignette, ainsi que les suivantes, est extraite d'une petite plaquette : La grande Chanson de la bière, fantaisie écrite et dessinée par un artiste de Dusseldorf, E. Doelen.

taille, soit que portant dans ton tablier les radis noirs, les bretzel, les petits pains au cumin, tu triomphes, seule, sur ce fût gambrinal, ventre immense de la nation houblonnée.

L'ARRIVÉE DU NOUVEAU TONNEAU A LA BRASSERIE ROYALE A MUNICH

Composition de W. Gentz dans la *Gartenlaube*.

Tu peux t'étaler sur les murs des brasseries, ô Gretchen de la bière, à la chemisette blanche, au corsage de velours, aux tresses ondulées; car, sous quelque forme que ce soit: chromo-lithographie au brillant coloris, plaque de faïence, fresque ou bois sculpté, tu es la vraie patronne de Munich, la mère du petit Jésus

munichois — ce petit *Münchenerkind'l* dont les bras s'allongent partout — la vraie, la seule, l'unique *Regina Bavariæ*.

Réjouis-toi, ô Gretchen de la moderne Allemagne, car sur le monde entier tu fais couler un fleuve de bière. Le Neckar, la Moselle, le Rhin te fournissent le vin, et toi tu continues, jusque dans les contrées ensoleillées du Midi, les invasions germaniques des temps passés.

Vois arriver ce haut camion chargé de lourds ton-
neaux. Il s'est approché du wagon où on lit *Bier-
Transport-Wagen* et son étiquette porte : *nach Paris.*
Que veux-tu de plus ?

C'est la conquête par la boisson, par l'assimilation
des mêmes substances nutritives.

Soit !

Mais au moins donne-nous tes jardins à bière, tes
immenses brasseries, tes caves richement décorées,
toute cette vie gambrinale si étroitement liée à la liqueur
blonde et mousseuse.

II

LES ANCIENNES ÉTUVES A BOIRE

LES POÊLES A FAÏENCES HISTORIÉES

Où êtes-vous vieilles enseignes germaniques avec votre saveur, avec vos tendances moralisatrices, qui puez le reître, et qui n'avez pas oublié qu'on peut prêcher la Bible et venir *rigoller ès-tavernes* ? Où êtes-vous, *Marmite aux Saucisses* d'Augsbourg, ou *Jambon Impérial* de Strasbourg ; où êtes-vous nombreuses et curieuses enseignes de l'antique cité alsatique, *Pélican, Griffon, Cigogne, Géant, Licorne, Chant des Oiseaux* ?[1]

---

[1] Ce qu'un étudiant irrévérencieux, qui n'est autre que M. Le-reboullet, appelait dans le *Temps* le *Cri de la Volaille*.

Qu'il était de son époque, qu'il représentait bien les tendances prêcheuses de la bourgeoisie luthérienne ce *Géant* qui, au bas d'une peinture murale datée de 1673, et montrant Goliath attaqué par David, donnait à lire au passant les vers dont voici la fidèle traduction :

Je suis la brasserie à l'enseigne « Au Géant »
Et je montre en ce mur un sujet de la Bible :
Le géant Goliath, colosse mécréant,
Terrassé par David, malgré son air terrible.
Un chétif adversaire obtenant ce succès,
Sans autre instrument qu'un caillou sur sa fronde,
Prouve que nous devons nous fonder en ce monde
Uniquement sur Dieu, sur nous-mêmes jamais.

Pour arborer aujourd'hui une telle inscription, il faudrait être *l'Auberge de l'armée du Salut.*

Si le tableau peint domine dans toutes les vieilles cités allemandes, c'est qu'il est là dans son élément. Nulle part, le peinturlurage extérieur n'a été autant en honneur : si les maisons n'ont pas toutes une façade historiée, chacune d'elles montre des armoiries patriciennes avec des animaux au coloris fantaisiste, véritable ménagerie héraldique où les lions vivent en bonne intelligence avec la licorne, ou les armes parlantes des arquebusiers croisent les attributs plébéiens des jardiniers et des poissonniers.

Dans cette Allemagne, qui comprend également l'Alsace, les Suisses et les Flandres, où, de tout temps, le vin et la bière ont joué un grand rôle, où les bourgeois sont gens de joyeuse humeur et de gai savoir, il ne faut point chercher la taverne, l'estaminet. Le tavernier qui obtient droit de vendage est un *compagnon*, le local du débit est la *Trinkstube*, soit l'étuve à boire. Chaque corporation possède un coin de cette espèce, c'est son lieu de réunion et de causerie familière, c'est là que se vident les grands hanaps, les pocals, les vidrecomes, les gobelets, les coupes, toutes ces belles pièces, merveilles de ciselure, où les animaux héraldiques luttent d'importance avec les guerriers antiques et les hallebardiers à la Holbein ; qui sont à la fois, les chefs-d'œuvre de l'orfèvrerie civile et les titres de gloire de la corporation bourgeoise.

Local des gens de métier, l'étuve à boire est donc décorée comme tout le reste ; le vitrail, les revêtements en bois sculptés, les fers forgés, les cornes de cerf servant de lampadaire, constituent la physionomie de cet ensemble, mais l'ornement, le meuble le plus caractéristique, si l'on peut s'exprimer ainsi, c'est le grand poêle aux catelles peintes et historiées, quelquefois mais plus rarement en fonte.

Construit d'une façon véritablement architecturale, orné de scènes de la vie, d'allégories, de paysages et d'animaux, de types et de costumes, de caricatures ou de grandes compositions historiques, il a la place d'honneur dans la *Trinkstube*, le grand poêle qui donne aux assistants sa douce chaleur, qui leur fournit un siège confortable, qui les charme et les attire par ses sentences en prose ou en vers, par ses jeux de mots, par ses plaisanteries fines ou grossières [1].

Véritable chauffoir à images, le grand poêle sait revêtir toutes les formes : grand seigneur, petit bourgeois ou paysan, il a des illustrations et des devises pour chaque état, pour chaque corps de métier. Dans les tavernes il s'adresse à l'hôte et à ses consommateurs. C'est ainsi qu'à l'*Auberge de l'Ange* à Winterthur, se trouvait, autrefois, un poêle datant de 1686, ayant pour illustration principale des séries de buveurs. Il mérite, celui-là, d'être reproduit dans ses détails, car il constitue pour le lecteur français une curiosité du plus haut attrait.

La première figure est celle d'un bourgeois modèle qui paye sa consommation en bon argent, ce qui fait dire à l'hôte :

> Pour tout à l'Ange il est d'usage
> Que l'on paie ce qu'on mange et ce qu'on boit :
> C'est un hôte agréable et vraiment honorable
> Celui qui, régulièrement, paie ce qu'il consomme.

Aux côtés de ce modèle des vertus *cabaretières* prend place un *compagnon de la bouteille*, verre en main, tenant, d'autre part, un jambon. Celui-là consomme sans payer, car sur la légende qu'accompagne cette illustration on lit :

---

[1] Ces poêles se fabriquaient surtout à Nuremberg et à Winterthur, en Suisse.

> Un bon buveur, un mauvais payeur.
> Je mange et je bois toujours volontiers
> M'inquiétant peu de savoir qui paiera.

Un autre consommateur, à l'escarcelle aussi peu garnie, se montre moins insouciant ; pour payer l'écot, il offre à l'hôte son habit :

> La soif m'importune si violemment
> Que la privation n'est plus tolérable.
> Plutôt que de rester sans boire,
> Je préfère me dépouiller de mon habit
> Pour le vendre.

Mais ce curieux spécimen de l'art du potier ne nous offre pas que des bourgeois assoiffés et des mauvais payeurs : il montre aussi des personnages respectables *la Patience* et *la Mesure* qui, tous deux, viennent donner au tavernier quelques bons conseils :

> Un hôte doit se tenir avec mesure
> Et ne point paraître pris de vin
> Devant ses consommateurs.
> Il doit veiller à tout
> Afin de pouvoir bien mener ses affaires.

lui dit l'un, tandis que l'autre lui tient un langage non moins sensé :

> La patience est pour un hôte, la meilleure chose
> Quand il a des clients trop bruyants.
> Celui qui veut être un bon aubergiste
> Doit tout entendre et garder un profond silence.

Après le tavernier, c'est le tour des consommateurs. Voici d'abord une légende destinée à montrer les conséquences de l'ivresse :

> C'est bien et tout à fait plaisant
> Quand l'hôte le prend honnêtement,
> Mais quand il veut être payé
> Alors il vous en fait aussi payer le jeu.

Et ici l'image céramique représente un individu attablé qui se fait servir des saucisses et *moult autres choses*, tandis que la main de l'hôte, véritable *Mane Tecel Pharès*, lui présente un compte bien au-dessus de ses moyens.

Autre sujet du même genre : un paysan complètement gris, qui tient dans sa main droite une bourse, dans sa main gauche une bouteille. A ses pieds se trouve un bœuf, et la légende lui fait tenir ce propos :

> Soyons gais, j'ai encore assez d'argent,
> J'ai encore les bœufs avec la charrue.
> D'ici que je mange toute ma métairie
> La chance me donnera sans doute, quelque autre chose.

Comme conclusion, le poêle nous montre un paysan ayant dans la main droite un verre de vin, dans la gauche une carafe d'eau, avec l'inscription : *Il faut savoir choisir le meilleur.*

> Si je bois de l'eau, je meurs,
> Si je bois du vin, je me ruine,
> Cependant, mieux vaut périr par le vin
> Que mourir en buvant de l'eau.

Telle est la physionomie d'un de ces curieux poêles qui, s'ils ne sont plus historiés et polychromes comme autrefois, se fabriquent encore aujourd'hui, et viennent donner un cachet tout particulier aux intérieurs allemands, qu'il s'agisse d'une salle à manger ou d'une brasserie.

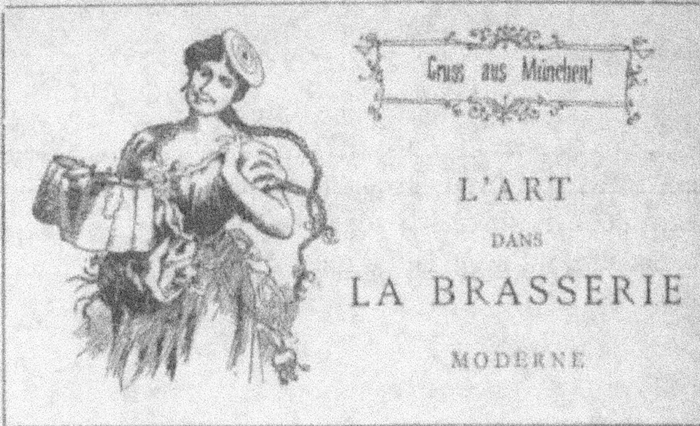

L'ART

DANS

LA BRASSERIE

MODERNE

III

Vie gambrinale. — Le style alt-deutsch. — L'art dans tous les acces-
soires de la brasserie. — La carte postale illustrée. — Les sujets
de décoration.

Il y a une *vie gambrinale*, il n'y a pas de *vie bacchu-*
sienne ; il y a un style national allemand, il n'y a pas
de style national français ; voilà pourquoi, encore une
fois, la brasserie allemande revêt souvent des proportions si monumentales, et est toujours décorée avec
autant de soin et de recherche.

Les Allemands ne peuvent pas inventer, dit-on, ils
ne savent que copier, soit !

Les Allemands sont incapables de regarder en avant en matière artistique, ils reviennent éternellement au passé parce que le moderne ne leur plaît pas. Soit encore !

Mais quelle que soit notre manière de voir sur le style *alt-deutsch* ou *deutsche Renaissance* qui fleurit aujourd'hui, dans toutes les contrées germaniques, il n'en est pas moins vrai que le mouvement existe, qu'il y a de l'autre côté du Rhin, en matière architecturale et décorative, une tendance très caractéristique, très personnelle à la race, et que ce mouvement vaut mieux que les excentricités, les insanités décadentes et souvent malpropres dont nous donnons l'exemple.

Tout d'abord les Allemands ont eu toujours le goût et le sens de la décoration ; les maisons peintes à fresque de Bâle, de Schaffhouse, de Constance, d'Augsbourg, les palais grecs de Munich, les nouvelles constructions bourgeoises de Berlin nous en disent assez à ce sujet. Voyez leurs hôtels de ville anciens ou modernes, voyez leurs gares de chemins de fer, voyez leurs immenses *restaurations*.

Lourd, me direz-vous ! Ennuyeux, ajouterez-vous !

Eh bien non ! Pour parler franchement ce sont là de mauvaises raisons, des clichés tout faits à l'usage de ceux qui ne savent rien et ne veulent rien apprendre. J'en prends à témoin mes confrères de la presse artistique qui ont voyagé en Allemagne, qui ont vu les expositions de Francfort, de Stuttgart, de Nuremberg, et spécialement ceux qui ont été chargés par le ministère des Beaux-Arts de missions en Allemagne. Lorsqu'il m'est arrivé d'en causer avec ces derniers, je les ai trouvés partageant entièrement ma manière de voir à cet égard.

Donc, cessons de nous endormir dans notre ignorance des choses extérieures et soyons bien persuadés que ce qui se fait en Allemagne au point de vue de la décoratiou vaut la peine d'être vu.

J'ai parlé autre part de toutes les fantaisies que la bière pouvait faire naître dans l'esprit des dessinateurs d'outre-Rhin, ce que je veux signaler ici avant de décrire les établissements eux-mêmes, c'est la recherche constante du côté décoratif dans ce qui touche au domaine du dieu Gambrinus

Robinets de tonneaux à bière.
Dessins de M. R. Seitz.

Nulle part le côté art dans la brasserie ne s'est développé comme ici, grâce aux recherches, aux efforts constants de ceux qui s'occupent d'art industriel, et des artistes placés à la tête de ce mouvement qui fonde écoles sur écoles et crée industries sur industries.

C'est ainsi qu'un des plus habiles artistes de Munich dans cet ordre d'idées, M. Rudolf Seitz, directeur de l'Ecole des Arts industriels, a eu l'idée, il y a quelques années, de publier dans le journal du *Kunstgewerbeverein* une série de dessins pour des cannelles de tonneaux, dessins que je me fais un plaisir de reproduire ici. Ces robinets devraient être exécutés, dans son idée, en bronze, en argent ou en nickel. Il trouve avec raison que le buveur aurait la vue réjouie par la vue de tonneaux enguirlandés, ornés de tels robinets et que la bière, qu'on accuse toujours de lourdeur, présenterait ainsi quelque chose de la poésie du vin.

Le même a dessiné des projets de chopes, autrement dit des *seidels*, bocks en verre ou en grès avec couvercle d'étain orné de devises ou de peintures, jusqu'à ce jour, d'un goût souvent douteux, et qui sont les vases à boire de tous les débits allemands.

Je possède pour ma part des *seidels* du xviiie siècle, en faïence, avec de charmants sujets rococo, personnages ou fleurs, et sur le couvercle en étain un thaler à l'effigie de Marie-Thérèse. Sur ces couvercles de chopes et sur ces chopes elles-mêmes on pourrait retrouver toutes les préférences, toutes les particularités de la vie allemande.

Là aussi, naturellement, le *alt-deutsch* qui tourne quelquefois à la maladie — les Allemands le reconnaissent eux-mêmes — a voulu avoir son mot à dire et l'on a fabriqué des *seidels* en forme de forteresse moyen âge. Mais la fantaisie et l'invention moderne se sont mises également de la partie et un artiste des *Fliegende Blätter*, ce journal dans lequel l'humour ne perd jamais ses droits, a inventé, en se servant du costume féminin, un modèle qui fait présentement les délices de Munich.

Ce que les Allemands appellent *le cul de Paris* (prononcez *quil*) n'avait certes pas encore servi à pareil usage.

Du reste, la bière et le *seidel* sont tellement entrés dans les mœurs qu'il se fabrique jusqu'à de petits seidels, *kinderseidel*, pour les enfants, qu'on élèvera peut-être bien un jour au biberon à bière.

Et les cruches en grès de toutes les grandeurs, de toutes les formes, de toutes les couleurs, avec ou sans couvercle, et les aiguières aux verres anciens, si bien que de la bière le *alt-deutsch* a gagné le vin et les liqueurs !

Enfin l'ancienne industrie des poêles florissant à nouveau, avec les terres qui servent à ces grands

La nouvelle chope munichoise.

monuments de catelles, on a fabriqué des cruches imitant le moine ou le reître.

Autant d'industries locales qui nous conduisent des plus hauts domaines de l'art aux plus petits objets de l'article dit *de Paris*, et à toutes les fantaisies possibles. Parmi ces dernières, il en est une que je signalerai comme appartenant à la curiosité gambrinale : celle de

cartes postales presque toujours ornées de sujets rentrant dans cette spécialité.

A la *Biermamsell*[1] qui porte ses bocks si gracieuse-

Spécimen de carte postale.

TRADUCTION DE LA LÉGENDE:

*Cochon par devant, cochon par derrière, de partout le cochon vient te trouver,
et si tu es sans cesse entouré de cochons, tu auras une vie exempte de soucis.*

(Il n'est pas inutile de mentionner ici que le cochon, en allemand, est
synonyme de bonheur.)

[1] Littéralement *Bière mademoiselle*, soit qu'on en fasse un seul
mot, soit qu'on considère cela comme l'appel du client deman-
dant de la bière. En somme, nom générique des filles de brasserie employé surtout à Berlin.

ment, avec les radis noirs dans son tablier, je joins le petit échantillon ci-contre de carte postale, ne serait-ce que pour montrer à nos décorateurs-pornographes ce que l'on peut faire avec le cher animal.

Laissons les accessoires et venons à la brasserie elle-même, à son mobilier, à sa décoration.

Constatons tout d'abord que le besoin de la brasserie décorée dans la capitale des *Etats Gambrinesques*, j'ai nommé Munich, ne s'est fait sentir que depuis quelques années seulement, et qu'à vrai dire, il ne s'est même pas encore manifesté dans les établissements fréquentés par le vieux bourgeois munichois. Il suffira, pour s'en rendre compte, de pénétrer dans la cour du *Hof-brauhaus* (la Brasserie Royale) où l'on boit debout la plupart du temps, dans ces immenses *seidels* en grès gris marqués du H. B. et jaugés à un litre. Si, par hasard, on pénètre sous les voûtes enfumées d'une salle basse qui constitue la véritable taverne, les odeurs du fromage, du hareng, du radis — accessoires inévitables, — vous en feront aussi vite sortir que l'aspect du sol boueux et tout gluant de bière.

Le mouvement esthétique en faveur de la boisson nationale ne date guère que de 1874, et il est parti non point des débits des grandes brasseries : *Pschorr, Löwenbräu, Franziskaner, Augustiner*, mais bien des *restaurations* et des *Weinstube* (étuves à vin) où la bière ne se vend qu'en bouteilles.

Comme aspect décoratif les établissements allemands

sont de deux espèces : les uns ont plafond à poutres
apparentes et boiseries plus ou moins hautes avec quelques décorations picturales, des appuis pour les étains
et les faïences, les autres sont, murs et plafonds, entièrement couverts de fresques. Tous ont des vitres plom-

Coin de taverne d'après le journal du Kunstgewerbeverein munichois.

bées ou des vitraux peints. Il en est qui sont de véritables monuments fort intéressants au point de vue
architectural, qui ont des façades peintes ou qui
affectent la forme d'immenses chalets en bois découpé;
il en est d'autres qui n'ont aucun aspect extérieur et
dont tout l'intérêt réside dans la décoration intérieure.

Il faut également noter que la taverne, le cabaret, le

Reproduction d'anciens dessins exécutée par
M. Georg Hirth, le célèbre imprimeur-
éditeur de Munich. — Ces vignettes
sont tirées en couleur sur
papier pelure.

N. B. *La serviette est
représentée ici pliée
en quatre.*

SERVIETTES

EN PAPIER PELURE

servies dans certaines brasseries
allemandes.

TRADUCTION DES LÉGENDES :

Honneur à vous qui croyez à Bacchus.
C'est lui qui par ses dons
Fait de l'adolescent une tête vénérable
Et du vieillard un joyeux garçon.

Frère, à la vérité tu m'es étranger,
J'ignore quel est le chemin qui t'amène,
Mais dès l'instant que je te trouve au cabaret
Tu es pour moi le bienvenu.

débit, je cherche le vrai mot sans pouvoir trouver l'équivalent français du terme allemand, s'établit un peu partout, dans les maisons de *tribu*, de société ou de corporation, comme dans les établissements publics. Ainsi toutes les sociétés d'artistes ont leur *Kneipe* (cabaret, pinte, *soûloir*) ou *Kegelbahn* (local pour le jeu de quilles) et dans la plupart des hôtels de ville se trouvent des caves dites *Rathskeller* (caves de la maison du conseil).

Ajoutons encore que les Allemands, et sous cette dénomination je comprends toujours les peuples de race germanique — qu'ils soient autrichiens ou suisses — ont leurs expositions locales ou régionales, leurs grandes fêtes populaires — tirs, fêtes de chant et de gymnastique — dans lesquelles, grâce à la quantité de brasseries et de restaurants qui viennent s'y accumuler, la décoration joue un grand rôle. Qu'il me soit permis de rappeler, comme tentative très intéressante dans cet ordre d'idées, le bâtiment de l'exposition collective des hôteliers suisses à Zurich, lequel était orné de charmantes peintures représentant des scènes de la vie d'auberge à différentes époques et dans différents pays.

C'est ainsi qu'au *Tir fédéral allemand* tenu à Munich en 1881 se trouvaient quatre grandes brasseries avec d'immenses peintures extérieures, au nombre desquelles la *Schützenlisl* de Kaulbach dont j'ai déjà parlé.

Et maintenant, dernier point, quels sont les sujets choisis de préférence dans la décoration des établissements d'outre-Rhin. Si les compositions sur la bière même — et ses accessoires — occupent la plus grande place, les légendes, l'histoire nationale, les personnages allégoriques, y on t aussi leur part. Quelquefois,

enfin, les artistes chargés de ces travaux donnent libre cours à leur verve, et l'on sait tout ce que l'humour, la fantaisie germaniques peuvent improviser.

Mais, et c'est ici surtout que la différence est profonde entre Français et Allemands, jamais rien d'extravagant ou d'*incohérent*.

Cela tient certainement au fait que la brasserie y est fréquentée par tout le monde et non point seulement par les jeunes gens à la recherche du plaisir ou de femmes-omnibus.

La malice gambrinale, au lieu de s'étaler sur les murs, s'épanouit librement dans les historiettes pimentées que publient les *feuilles à bière*, les *Kneipzeitungen* qui ne sortent pas d'un petit groupe d'individus.

IV

Tout étranger de passage à Munich va, une fois au
moins, déjeuner au *Rathskeller* situé au rez-de-chaussée du nouvel hôtel de ville et décoré en entier de
fresques par Ferdinand Wagner.

Ces fresques, grisailles aux tonalités éteintes, représentent naturellement des types et des scènes de l'histoire gambrinale. On y voit Thor, le dieu scandinave,
buvant de la bière dans une corne, Jonas faisant un
pied de nez à la baleine, une canette à ses côtés, Osi-

KELLNERIN DE LA BRASSERIE ROYALE

(Peinture décorative du « Rathskeller ».)

Bien vingt mces porte Hébé lourdement chargée
Aux dieux menant grand tapage,
Mais comme ceux-ci sont toujours plus assoiffés,
Hébé ne se peut un seul instant reposer.

ris brassant la première bière — (on sait que les Egyp-
tiens proclamèrent celle-ci boisson nationale), — Isis

L'ESSAI DE LA BIÈRE A MUNICH
(Peinture décorative du « Rathskeller ».)

Les Bierkiefer (mâchoires à bière) goûtant la nouvelle bière, le sablier à leurs côtés, suivant une ordonnance du XIVe siècle.

apprenant l'art du brasseur à son époux Gambrinus, roi fabuleux vivant en l'an 1730 avant Jésus-Christ.

Plus loin, c'est un sacrifice au dieu de la bière, ou le fameux *âne* de la bière (*Bieresel*) qui, la nuit, épie les buveurs rentrant et leur saute en croupe pour ne les lâcher qu'à domicile. Puis viennent les compositions relatives plus spécialement à la bière de Bavière ; l'histoire du bourgmestre de Rothembourg qui, par ses capacités gambrinesques, sauva la ville du pillage lors de la guerre de Trente ans, et les inspecteurs des brasseries accomplissant leur singulière fonction, suivant un édit de 1335.

« Ces importants personnages, dit M. Ferd. Reiber, étaient chargés d'éprouver la qualité de la bière, et cela d'une façon très originale. Ils arrivaient à l'usine en culotte de peau, se faisaient présenter un banc de bois, et y répandaient gravement le liquide soumis à leur inspection. Cette première opération terminée, ils s'asseyaient à plusieurs sur le banc ainsi humecté et y restaient accroupis pendant une heure entière, sablier, et broc en main. Quand le dernier grain de sable avait marqué le moment décisif, les dégustateurs se levaient tous ensemble ! Si le banc suivait les fonds de culottes dans leur mouvement ascensionnel, la bière était déclarée de bonne *qualité* ; au cas contraire, elle passait pour trop légère, et le brasseur était mis à l'amende. » Mais recevant, durant cette heure, la bière à discrétion les *Bierkiefer* (mâchoires à bière) ne craignaient point de faire durer le plaisir longtemps. La fresque du *Rathskeller* représente donc l'hôte venant les avertir

LES FÊTES DU COURONNEMENT DES EMPEREURS ALLEMANDS

Peinture décorative au « Rathskeller » de Munich.

que le temps du *goûtage* est fini : « Le sable a passé, l'heure est écoulée, levez-vous de votre banc, » ce à quoi les *Bierkiefer* répondent de leur côté : « Si elle (la bière) ne reste pas collée à nos culottes de peau, nous arrêtons le débit. »

La *Kellnerin* devait également avoir sa place sur les murs du *Rathskeller*, non point la *Biermamsell* de Berlin, mais bien la grosse et commune servante de la Brasserie royale et des établissements similaires, cette nymphe de la chope bavaroise qui n'a guère de rapport avec nos filles de brasserie.

Si elle est de mœurs légères — rien n'est impossible en ce bas monde — elle soulèverait volontiers des poids sur les places publiques, tant sa force musculaire est développée.

Disons, pour bien indiquer l'esprit des établissements genre *Rathskeller*, que la vigne tient également sa place dans leurs décorations : ici apparaissent Noé, Loth, Diogène et son tonneau, Lucullus, Falstaff, les chevaliers pillards du Rhin et ce type particulier au Tyrol, le gardien de la vigne avec la hallebarde, au chapeau orné de plumes.

Le second établissement, type de la décoration allemande, c'est le cabaret, situé, comme les anciennes étuves de la corporation, au bas des hôtels privés. Munich en possède un dans la maison que la *Société des Arts industriels* s'est fait construire pour son usage particulier, avec musée, magasins, salles de réunion.

Boiseries à mi-hauteur, plafonds à poutres apparentes, faïences, étains, poêles historiés, rien n'y manque.

La décoration a été conçue par le célèbre sculpteur-ornemaniste Lorentz Gédon, celui-là même qui a tant contribué au développement du goût dans les intérieurs allemands. Quant aux peintures murales, légères esquisses au trait, sobres de couleurs, elles ont été exé-

Peintures au cabaret du « Kunstgewerbehaus » à Munich.

cutées par les peintres Rodolphe Seitz et Lossow, d'après des figures de Josse Amann, le maître du XVIᵉ siècle, auquel les Allemands font de si fréquents emprunts. Ces petites décorations sentent presque l'illustration, tant elles sont finement traitées.

Les brasseries proprement dites — car *Rathskeller* et cabaret du *Kunstgewerbehaus* sont plutôt des débits

Le « Lœwenbraukeller » à Munich.

de vin et des *restaurations*, — n'ont pas de décorations intérieures ; elles sont, en général, d'aspect assez monumental et possèdent souvent une petite salle plus élégante où se réunissent les *sociétés de messieurs*. Tel est le cas du *Lœwenbraukeller* (Cave de la Brasserie du Lion), établissement aux proportions gigantesques, éclairé à l'électricité, aménagé avec toutes les commodités possibles pour la vie gambrinale, mais où les tables et les chaises, grossièrement peintes en blanc, témoignent du peu de confort existant dans les mœurs locales au point de vue du café.

UN COIN DU CABARET de l'hôtel de la *Société des Arts industriels* à Munich.
(D'après une photogravure du journal de la Société.)

POÊLE DE COIN

Au cabaret de l'hôtel de la *Société des Arts industriels* à Munich.

(D'après une photogravure publiée dans le journal de la Société.)

Munich possède, d'autre part, avec le restaurant Danner, un établissement luxueux dans lequel les peintures murales et la décoration occupent une grande place. Tandis que la pièce principale, immense salle recevant le jour par en haut, est ornée de peintures du peintre Bader représentant différents tableaux de la civi-

lisation humaine — des Arabes, des Japonais, des Italiens, des Souabes, — une série d'autres petites pièces sont aménagées en *alt-deutsch* ou en *rococo*. Dans ces dernières, restitution intelligente et de fort bon goût, tout est en bois laqué, même les lustres, même les cadres rocaille des glaces, qui jouent on ne peut mieux au saxe. C'est un vrai petit chef-d'œuvre.

Si nous étions encore à l'époque des « Propylées » et des « Pinacothèques », Munich aurait eu certainement un café néo-grec avec des peintures murales comme celles qui s'effacent chaque jour davantage, sous les arcades du Jardin Royal, mais l'*alt-deutsch*, si longtemps méprisé, se venge de trente ans d'oubli en triomphant sur toute la ligne. Cependant, les tavernes d'aspect moyen âge sont plutôt à Nuremberg, où tout se prête encore si bien au style et à la décoration du XVI⁰ siècle. Dans cette curieuse cité, on peut voir, sur les bords mêmes de la Pegnitz, un petit cabaret, soit *Wein-Restauration*, qui est certainement un des plus jolis d'Allemagne.

A Cologne, à Mayence, à Leipzig, vous trouverez de ces coins aux vitres plombées, à côté de merveilleux établissements modernes (avec terrasses et jardins), dans la construction desquels les boiseries sculptées, les peintures, les mosaïques jouent un grand rôle.

Mais la brasserie la plus monumentale est celle de la *Stadt Ulm* à Francfort, construite en 1882 par M. Paul Wallot, l'architecte du Parlement à Berlin. Cette *étuve à bière*, cette *halle à boire*, pour traduire textuellement l'expression allemande, a une façade moyen âge aux fenêtres basses, aux écussons peints, dont l'aspect est tout à fait réjouissant. L'intérieur est d'un beau style, moitié boiseries, moitié peintures, conçues dans un esprit humoristique très accentué. Sur les banderoles qui courent le long des murs, apparaît le *château de la Beuverie* avec un singulier mélange de personnages anciens et modernes. Partout se montre la figure du chevalier transperçant de sa lance tantôt l'un, tantôt l'autre, poursuite continuelle qui donne à l'ensemble beaucoup de vie, beaucoup de

PANNEAU DÉCORATIF

De M. K. J. Grarr à la « Stadt Ulm » à Francfort.

(Dessin de l'artiste.)

Ce panneau représente le combat du chevalier avec le chat qui vient le braver jusque sur sa lance. A peine l'a-t-il embroché, qu'un second chat sort du tonneau où se trouvait déjà le premier. Au milieu, le château de la *Brasserie* surmonté de l'étendard des artistes, les philistins effrayés se sauvent à toutes jambes, tandis qu'un cochon en frac agite la sonnette du château et que le renard se pend à une façon de sonnette formant piège.

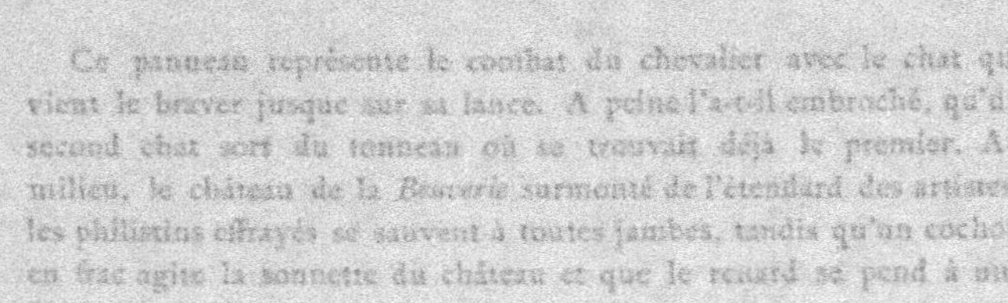
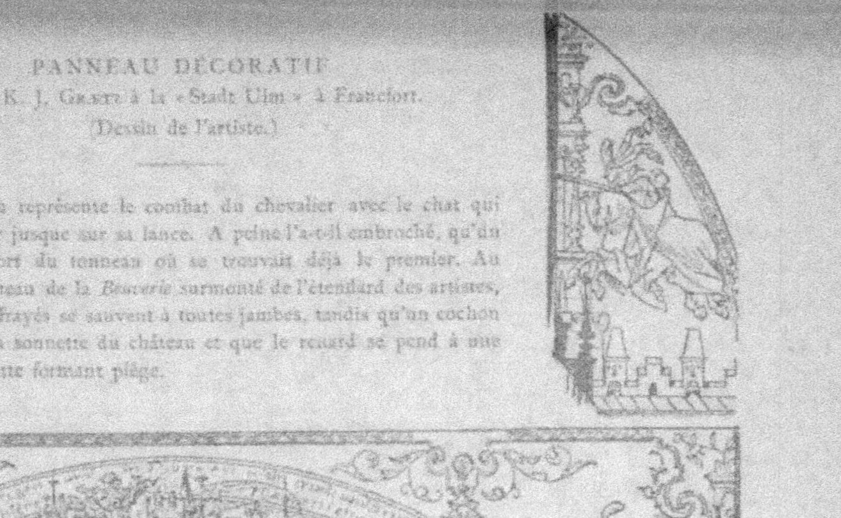

mouvement, le tout entouré d'arabesques, d'inscriptions, d'armoiries des villes allemandes, tandis que, sur
les frises, s'étalent des suites d'illustrations pour les
contes de fée si populaires au delà du Rhin.

Brasserie de la Stadt Ulm à Francfort.

C'est un établissement classique que le *Auerbach's
Keller* à Leipzig. Tous les guides en font plus ou moins
l'historique ; tous les Anglais ne manquent pas d'y
aller. L'antique cave à vin, où Gœthe se trouvait en
compagnie d'étudiants et d'artistes, a vu sa renommée
croître justement par le fait du grand écrivain. Non

LE KEGELBAHN DE LA « SOCIÉTÉ DES ARTISTES » A DUSSELDORF
Dessin de Th. von Eckenbrecher, d'après la *Gartenlaube*.

seulement ses souvenirs y sont restés attachés, mais les murs des deux caves, celle du haut et celle du bas, ont été ornés de peintures représentant des scènes de *Faust*.

Ces caves, l'une à voûte pleine, l'autre à arceaux, présentent une physionomie particulière ; en dehors de

Auerbach's Keller, à Leipzig (cave du bas).

l'architecture et des peintures, il n'y faut, du reste, rien chercher, car, chose singulière, là où des meubles anciens seraient si bien de style, le mobilier ne se compose que des classiques tables et chaises en noyer poli qui sont le mobilier caractéristique de tous les débits de vins allemands.

Six des peintures sur *Faust* ont été composées par feu le peintre d'histoire Georges Zachariæ et exécutées par le décorateur Heinrich Bey. Elles représentent Faust et Méphistophélès, la rencontre de Faust et de Marguerite, la scène du jardin, l'apparition d'Hélène, et les scènes dans la cave d'Auerbach.

Les autres, peintes à la sépia par le même décorateur, sont des esquisses du professeur Retsch.

Composition de Retsch au Auerbach's Keller.

Dans la cave du haut sont encore deux panneaux anciens montrant le Docteur Faust sur son tonneau et un repas au XVIe siècle. Ce dernier porte une légende en latin, ainsi conçue :

Vive, bibe, obgræcare, memor Fausti hujus et hujus Pœnæ; aderat claudo hæc, ast erat ampla gradu, et la date : 1525. Peut-être ces deux peintures sur bois sont-elles contemporaines de l'établissement, du reste, le plus ancien de Leipzig, ainsi qu'on p ut le voir par un Bacchus grossièrement sculpté dans la pierre, daté de 1530.

Une curiosité comme aménagement c'est le *Kegel-*

bahn — local à jeu de quilles spécial à beaucoup d'établissements d'Allemagne — de la *Société des Artistes* de Dusseldorf. Ce local privé, c'est-à-dire destiné aux membres de l'association et à leurs amis, donne bien l'idée de ce qu'étaient autrefois les étuves des corporations. Les artistes d'outre-Rhin sont organisés, on le

Peinture ancienne au Auerbach's Keller.

sait, en *Künstlergesellschaft* et leurs associations prennent le nom de *Kunstverein*. Ils ont un *Bierkneipe* à eux, et souvent, toute une maison, comme c'est le cas pour la *Malkasten* de Dusseldorf, où l'on peut voir une salle de billard, une chambre pour le thé, un *Kegelbahn*, décorés dans le style Rococo ou Renaissance. Le *Kegelbahn* surtout est construit d'une façon fort originale, les quilles ayant servi à la décoration architecturale de la pièce dans son ensemble : colonnes, chapiteaux, pieds de meubles, ornements du plafond, tout en porte l'empreinte. On peut juger par là de l'esprit de ces sortes de *Kneipe*.

C'est par Berlin que je vais finir cette rapide revue des établissements d'Allemagne, par Berlin qui a eu des cabarets d'artistes, notamment le débit de vins de Lutter et Wegener, popularisé par Hoffmann, l'auteur des *Contes fantastiques*, par Berlin qui a des brasseries décorées, des cafés luxueux et qui paraît vouloir inaugurer, à son tour, les tavernes excentriques.

Parmi les brasseries décorées *more germanico* le choix est grand : *Rathskeller, Zum Prælaten, Zum Franziskaner, Kurfürstenkeller* (Cave des Princes-Electeurs), *Zum grossen Kurfürst, Alhambra, Zum Augustinerkeller, In den Kaiserhallen* où l'on montre la fameuse chope dite : *chope de l'Empereur, Zum Kyffhauser, Zum Lœwenbræu, Zum Spatenbræu, Zum Landsknecht, Im Sedanpanorama, Im Architectenhause, Altdeutsche Bierstube, Clausing*, avec des fresques de Burger qui méritent de ne point passer inaperçues ; en voilà pour tous les goûts, pour tous les amateurs de bière.

La brasserie *Zum Spaten* (page 225) représente le style du sud, bavaro-tyrolien. Construite par l'architecte Seidl, décorée par les peintres Rud. Seitz et Otto Hupp, elle se détache des maisons ordinaires qui l'enserrent, jetant par ses ornements en couleur une note gaie et chaude au milieu de la grise monotonie des constructions berlinoises.

Quant à la taverne excentrique « à l'instar de Paris » elle a pour nom : *Taverne des Paysans*.

On descend quelques marches et on se trouve brus-

INTÉRIEUR DE LA BRASSERIE «ZUM SPATEN» A BERLIN. — Dessin de E. Hosang (Deutsche Illustrirte Zeitung).

LE CABARET DE LUTTER ET WEGENER A BERLIN

LE CAFÉ BAUER A BERLIN. D'après un dessin de W. Hecht dans *Ueber Land und Meer*.

quement rendu dans un cabaret qui rappelle les histoires de vol et de brigandage.

Le mobilier est primitif : des escabeaux et des bancs grossiers, des tables lourdes, garnissent la salle. Les murs sont décorés de faux, pioches, pelles, vieux fusils, pistolets rouillés ; le soir, le local est éclairé par de mauvaises lampes fumeuses. Autour de l'immense cheminée gisent des sabots et des bottes, du vieux linge pend à une corde autour du feu, et au plafond des araignées tendent leurs toiles.

Au comptoir, une grosse Bavaroise emplit les bocks qu'emportent des garçons portant les sobriquets de *Pique, Trèfle, Cœur, Carreau*. Point d'allumettes, un brasier les remplace, et, comme journaux, on ne trouve dans la *Taverne des Paysans* que la *Feuille officielle* et le *Messager boiteux*.

De la *Taverne des Paysans*, passons sans transition au plus élégant des cafés berlinois dans lequel, comme chez ses similaires, on n'a épargné ni le bronze, ni le granit, ni les cariatides, ni les arabesques, ni les enluminures de toutes espèces. Le *Café Bauer* situé *sous les Tilleuls*, est une salle magnifiquement décorée, ornée de peintures, à laquelle on parvient après avoir traversé un vestibule tout en marbre.

Les peintres qui ont contribué à cette décoration portent un nom bien connu dans l'art allemand. Ce sont A. von Werner et Chr. Wilberg, et leurs œuvres qui s'étalent sur chacun des côtés de la salle représentent soit des paysages, soit des scènes de la vie romaine.

L'établissement est fort luxueux et donne bien l'idée du genre de décoration classique qui prévalut pendant si longtemps dans les intérieurs allemands.

V

LA BRASSERIE ALSACIENNE

*L'ancienne brasserie strasbourgeoise. — L'Estaminet Piton et les car-
touches sur la bière. — Deux camps de buveurs : les Alsaciens et les
immigrés. — Luxe décoratif des brasseries allemandes.*

On peut se faire une idée de l'ancienne brasserie
alsacienne par ce qu'écrivait Charles Monselet sous le
second Empire. « Chaque établissement est composé
uniformément d'une salle plus ou moins grande et
d'un jardin plus ou moins petit. Des tables et des bancs
de bois occupent la salle; des bancs et des tables de
bois occupent le jardin, lequel jardin n'est, le plus souvent, qu'une cour plantée d'un arbre. On lit dans un
coin: *Pissoir.* » Ajoutez à cela comme décoration une
lithographie coloriée avec le Gambrinus classique et

vous aurez l'aspect de ces estaminets où le côté artistique brillait par son absence.

Et il en avait été ainsi aux époques précédentes, car
Frédéric Piton, l'auteur du volume *Strasbourg illustré*,
décrit ainsi les établissements d'autrefois, qui s'appelaient pompeusement *brasseries* et qui n'étaient, en
somme, que des *bouges* :

« Dallées, garnies de grossiers bancs et tables, la
bière servie dans des canettes en bardeaux goudronnés,
un verre pour deux ou quatre buveurs, une chandelle
allumée sur chaque table, et qui, à peine, jetait une
lueur vacillante dans cet horizon de fumée et de
brouillard, des murs noirs comme la nuit, telles
étaient les anciennes brasseries. » Curieuse description
qui se trouve ainsi complétée par M. Ferdinand Reiber
dans ses *Études gambrinales* :

« Il fut un temps, en somme peu éloigné, » dit celuici, « où le tonnelet figurait également sur la table de
la taverne. Jusque vers le milieu de ce siècle, les étudiants et les militaires invitaient leurs compagnons
d'études ou leurs frères d'armes autour du tonnelet à
l'occasion des événements importants.

« Du temps des poêles à figures [1], le brasseur plaçait
en hiver les tonnelets de bière autour d'eux. C'était
l'époque où le *fax* faisait sauter la bonde dans la salle
publique, en proclamant d'une voix sonore : *Ihr Herre,*

[1] Ces poêles alsaciens étaient en fonte et représentaient le plus
souvent le sacrifice d'Abraham et la mort d'Absalon.

BRASSERIE ALSACIENNE. — L'estaminet Pilou en 1870, d'après une peinture originale.

s'wurd ang'stoche! (Messieurs, on met en perce!) Les lourdes et massives tables, flanquées d'un banc non moins solide, n'ont guère disparu des établissements strasbourgeois qu'avec l'ouverture de *l'Estaminet Piton*. Cette brasserie, inaugurée en 1864, a donné le signal des progrès réalisés depuis, et aujourd'hui elle

L'ancienne brasserie strasbourgeoise d'après les « Strosburjer Bilder ».

est encore le local le plus intéressant, au point de vue français. Éclairé par le haut, vaste, bien aéré, orné de colonnes en stuc, *l'Estaminet Piton* a eu l'excellente idée d'orner les frises de cartouches représentant les attributs du buveur de bière aux diverses époques de l'histoire. Ces peintures à l'huile, œuvre de deux artistes strasbourgeois, Christmann, aujourd'hui décédé, et Dock, sculpteur décorateur, ne reproduisent pas seulement les modèles de brocs et verres employés depuis

le XVIe siècle, mais encore tous les accessoires de la
bière, victuailles, pipes, ustensiles divers.

On y voit la canette en bois blanc, cerclée en cuivre
ou en noisetier, la canette en grès portant en bleu
sur un fond gris l'étoile de la brasserie, la chope en
cône tronqué, la chope à facettes concaves arrondies, la
pipe en porcelaine, la longue et mince pipe en terre, le

Cartouches de l'Estaminet Piton.

gros gobelet en cuir pour les dés, les *brestelles* saupou-
drés de sel, la saucisse, le jambon, etc... autant de documents intéressants pour l'iconographie de la bière.

Vers la même époque que l'*Estaminet Piton* s'ouvraient la *Taverne Alsacienne* et la *Brasserie Viennoise*[1].
La première inaugura le *bock* ou chope à anse, qui peu
à peu détrôna la *chope* ou verre cylindrique, tandis que

---

[1] Les immigrés ont baptisé la « Brasserie Viennoise » du nom
de *Zum blauen Affen* (au singe bleu), par suite de la robe bleue
que portait une des servantes après 1870.

FÊTE FORAINE, panneau décoratif d'Adolphe Gaisser à la *Brasserie Viennoise* de Strasbourg.

(Reproduction au trait, d'après une photographie.)

la seconde, éclairée, elle aussi par le haut, est ornée
d'une immense peinture de M. Adolphe Grison représentant une fête foraine, scène traitée avec beaucoup
d'humour et d'entrain.

Tels sont, aujourd'hui encore, les trois principaux
établissements alsaciens, vastes, bien aérés, aux tables
de fer émaillé ou de bois poli, aux chaises et banquettes en canne sans grande recherche de style, en
tout cas sans aucune prétention au goût. L'Alsacien
des basses classes et même des classes moyennes ne
vise nullement, il faut le constater en le regrettant,
aux satisfactions de cette espèce. Le confort ne s'est
établi chez lui que par la concurrence, et le consommateur appartenant au peuple a toujours la plus
profonde antipathie pour les établissements luxueux,
qu'il évite avec soin.

Le buveur alsacien a, du reste, une physionomie
particulière. Il est particulariste par tradition. Pour
lui l'Allemand est le *Schwob* (Souabe), tout comme le
Français est le *Welsche* ; et il en a été ainsi à toutes les
époques. L'idée nationale française avait beau s'être
implantée chez lui depuis la Révolution, les autres habitants du pays étaient toujours pour lui « les Français
d'outre-Vosges. » Quant à l'idée nationale allemande,
elle lui est encore étrangère, parce qu'il ne la possédait
pas et qu'il ne pouvait pas la posséder à l'époque de
la conquête française. Comme le Hollandais, il *redde
Ditsch*.

BRASSERIE DE LA «CAVE PROFONDE» A STRASBOURG

(D'après une estampe populaire portant comme légende : *Je transpire ici dans la Cave profonde.*)

Donc depuis 1870, il existe à Strasbourg deux camps de buveurs de bière, deux sortes de brasseries bien tranchées : Public différent, établissements différents et même verres différents. Les immigrés ont, en effet, introduit avec eux les chopes cylindriques à pied et les *seidels*, qui ne se trouvent à l'état usuel que dans les débits allemands. L'Alsacien professe pour ce dernier, surtout lorsqu'il est en grès, la plus profonde antipathie.

Je ne décrirai pas la physionomie des établissements allemands, parce qu'ils ne sont, en somme, que la copie de ceux dont il a été question plus haut, mais quoique décorés, tous, dans le style de la *Deutsche Renaissance*, ils méritent quelque attention à cause de leur cachet artistique.

Avec leurs chaises, leurs plafonds, leurs boiseries en bois sculpté, leurs vitraux de couleur, ces brasseries, qui surgissent de toutes parts depuis la guerre, rivalisent de luxe et de confort. Il en est trois surtout dans lesquels ce luxe décoratif atteint des proportions inouïes : le *Luxhof*, le *Tiefenkeller* et le *Münchner Kind'l* [1].

Le local qu'occupe le *Luxhof* — entre parenthèse, la maison la plus élevée de Strasbourg — était autrefois une chapelle-pèlerinage dédiée à saint Luc, puis

[1] Notons que ces établissements ont poussé le luxe de l'organisation intérieure jusqu'à faire des dépenses folles pour les urinoirs, qui sont de véritables cabinets de toilette.

BRASSERIE DU « MUNCHNER KIND'L » A STRASBOURG. — Dessin de Ad. Seyboth.

un hôtel où descendaient les empereurs d'Allemagne.
Aujourd'hui il s'y trouve un *Kaisersaal* décoré de
peintures, et la brasserie elle-même en est ornée
à tous ses murs.

La soirée, soit le débit au Luchof (d'après une
gravure populaire).

Le *Tiefenkeller*, soit *la cave profonde*, est certainement
le plus beau, non seulement comme ensemble, mais
encore au point de vue des détails, d'autant plus que
beaucoup de sculptures sont anciennes, le local datant
du XVI siècle. Toute la maison est peinte à fresque
avec rinceaux, fenêtres à encadrements, etc. Au milieu
une immense figure de femme moyen âge portant des

rafraîchissements, peinture fort bien exécutée par un artiste allemand.

Quant au *Münchner Kind'l*, le plus récent, il est surtout intéressant par l'arrangement des voûtes des différents petits locaux accessoires, par les enchevêtrements d'arabesques couvrant les murs, par les inscriptions et les effets pittoresques de l'ensemble.

Sans avoir le luxe décoratif de ces grands établissements, les autres tavernes ont l'aspect et le confort de toutes les brasseries allemandes. Comme particularité bien locale mentionnons les brasseries qui s'appellent, du nom des dames débitantes, *Zur Marie*, *Zur dicken Anna* (à Marie, à la grosse Anna) et qui obtiennent, m'écrit un Strasbourgeois, un grand succès.

Enfin, au bord du Rhin, en face de Kehl, vient de s'ouvrir tout récemment un grandiose établissement *Zur Rheinlust*, où les Strasbourgeois se rendent en tramway. La cave dite *Salvator Keller* est ornée de compositions murales par Ottomar Weymann, compositions d'un dessin bien naïf, mais qui sont amusantes par le choix des sujets. D'abord plusieurs scènes sur le *Salvator* dans lesquelles apparaissent les moines et les chats[1], l'histoire d'un hanap de lansquenet dégoûté de la vie que la découverte d'un sac d'écus

---

[1] Le chat joue un grand rôle dans le dictionnaire de l'ivresse gambrinale. Le *Kater* (matou) figure sur la tête des pochards de cette espèce. Le *Katzenjammer* (miaulement de chat) est l'équivalent du *mal aux cheveux* français.

remet en *joyeulseté*, la bataille des bocks et des verres à
vin, la ballade du hareng, du radis noir et du bock et,
pour terminer, la valse des buveurs.

Fantaisie d'après la *Ballade du hareng, du radis et du scidel*, peintures
humoristiques de Ottomar Weymann à la *Brasserie du Rheinlust*.

(Ce sujet a fait le motif d'une foule d'illustrations allemandes)

Combien ne serait-il pas à souhaiter, en présence de ces établissements décorés dans le style allemand, qu'il se créât à Strasbourg une brasserie où les scènes de la vie gambrinale alsacienne viendraient prendre place. Ce serait un petit musée des plus intéressants, si l'on veut bien songer aux nombreux artistes alsaciens qui ont déjà traité dans leurs compositions, la bière et les buveurs.

VI

ETUVES ET CAVES DE SUISSE

La plupart des auberges qui, en Suisse, ont conservé
le caractère d'autrefois sont celles des corporations
bourgeoises désignées sous le nom bizarre d'*abbayes*.
A Berne, à Zurich, à Bâle, celles-ci possèdent toujours,
comme au moyen âge, le privilège de vendre du vin :
dans leurs hôtels, construits pour la plupart à la fin
du XVIIe siècle ou au commencement du XVIIIe, est
une vaste salle commune, aux plafonds à caissons, aux
vieilles boiseries, au poêle de catelles, où l'ornementation ancienne a été soigneusement respectée. *Abbaye
des tisserands, abbaye des maréchaux, abbaye des charpen-
tiers, abbaye des boulangers, abbaye du singe, du More,
des gentilshommes, des bateliers*, tout cela tient auberge,
à Berne, et a gardé autant que possible l'aspect extérieur d'autrefois avec les balcons en fer forgé et les
hauts personnages servant d'enseigne parlante.

Mais ce n'est pas là seulement que réside le cachet particulier des auberges de la Suisse : au-dessous il y a les cabarets populaires. Pour les trouver, il faut descendre dans les caves, dont la porte carrée, plus ou moins inclinée, se trouve sur le trottoir des maisons. Ces caves sont, en effet, ou des cafés pour le peuple ou des dépôts de vin.

De quoi seraient ornées des caves, si ce n'est de tonneaux ? Le spécimen le plus intéressant du genre est la *Grande Cave*, à Berne, qui se prolonge sous tout le bâtiment du grenier à blé construit de 1714 à 1716. Là rien autre que des piliers et des tonneaux, dont un d'une capacité énorme contenant plus de 33,000 litres. Sur ce tonneau aux armes de Berne est une plate-forme où, souvent, prend place un orchestre. Avec les servantes au costume national cette cave a beaucoup de couleur : si l'aménagement n'y est pas artistique, il a du moins un réel caractère d'originalité.

C'est à Zurich, si je ne me trompe, qu'a été ouvert le premier établissement qui ait tenté une restitution ancienne. Cet établissement : la *Taverne de l'Epée*, se trouve dans une cave. Laissant les tonneaux dans le fond, on y a aménagé quelques tables en X, ou aux pieds torses, un escalier avec une rampe en fer forgé, des sièges anciens — grands fauteuils Louis XIII ou chaises — un beau buffet, et une collection de tableaux. Pour servantes, deux robustes Suissesses rappelant un peu les célèbres Bâloises costumées de Holbein.

LA « GRANDE CAVE » DE BERNE
Dessin au fusain de Auguste Viollier.

LA « TAVERNE DE L'ÉPÉE » A ZURICH. — Dessin de Auguste Viollier.

Zurich possède encore un autre établissement, le *Café Orsini*, avec une grille en fer forgé et une élégante tourelle à encorbellement. L'intérieur — salle de la brasserie — est orné de petites frises peintes.

Le genre taverne et brasserie-cave se rencontrent assez fréquemment dans les villes suisses, mais pas après Lausanne. A Genève fleurit le café français. Il convient d'y mentionner le *Café du Nord*, dont les peintures ont été refaites il y a quelques années par MM. Leysalle et Mittey, professeurs à l'École des Arts industriels. Quant aux brasseries, elles ne comportent, en général, pas d'autre ornement qu'un Gambrinus, tableau en bois peint, quand il n'est pas en vulgaire chromolithographie.

APPENDICE

VII

LES ÉTABLISSEMENTS DÉCORÉS

EN BELGIQUE

La plupart des établissements bruxellois sont d'une banalité insigne, quoique, au dire de certains Belges, leur capitale ait des cafés d'une richesse de décoration comme Paris n'en possède pas. Beaucoup de glaces cela est vrai, de la dorure, du brun, du mordoré, une tonalité cossue en un mot, genre *Café des Mille-Colonnes*, le plus *selected* du tout Bruxelles. Mais après, cela ne sort pas de l'ordinaire de toutes les grandes villes de province ou de l'étranger. Au *Café Central* dorures partout, encore sans parler de lustres superbes, et même des peintures, l'*Industrie* à gauche, l'*Agriculture* à droite — cela ne pouvait manquer — qui brillent, avant tout, par leur médiocrité. Il en est qui, comme

« LE TROU », ancienne taverne des étudiants à Bruxelles. (D'après un dessin de L. von Elliot.)

le *Café Sésino*, sont de véritables constructions monumentales ; mais, s'ils possèdent quelques peintures, ils ont trop de glaces, trop peu de fenêtres. Dans cet ordre d'idées, la plus belle salle est certainement celle du Grand-Hôtel, avec ses deux panneaux figurant *la Bière* et *le Café*.

Au reste, Bruxelles a de tout : tavernes flamandes comme la Brasserie de ce nom, comme la *Lanterne* avec lustres en fer forgé et vitraux flamands ; — brasseries allemandes, *Gambrinus*, où trônait un roi géant chevauchant sur une tonne de bière, héros aujourd'hui disparu ; *Caves de Munich* où, pour ne rien perdre de la couleur locale, chacun lave sa chope , avec des poteries et des faïences germaniques, avec des « cornes » capables de noyer tout estomac non tudesque qui font l'*épatement* du bon public, avec un panneau de fond figurant une *Liselei* aux jambes énormes, aux bras titanesques, copie plus ou moins servile de Kaulbach ; — décoration japonaise, toute pimpante, toute reluisante, comme au *Café Continental* ; — vins italiens... plus ou moins, et vues pseudo-italiennes également, dont un Vésuve carrément mauvais, au *Café Cirio*, qui, le soir venu, s'illumine avec lanternes vénitiennes ; — pendez-vous, gentilshommes-cabaretiers de *Montmerte* et autres Righi, vous n'avez pas encore trouvé celle-là ; — enfin pour clore cette macédoine de styles, des *bodegas*, en veux-tu en voilà, où se bombent les petits tonneaux cerclés pleins de marsala et de xérès.

42

Mais parmi les curiosités de l'ancien Bruxelles, il convient de mentionner le *Trou*, coin d'une couleur tout à fait particulière, où se réunissaient autrefois les étudiants, et dont la création remonte à 1830. Fréquenté jusque vers 1840 par les chefs du parti républicain radical, le *Trou* acquit une réelle célébrité dans les annales de la politique belge, puis perdit son importance, jusqu'au jour où s'ouvrit « l'Université libre ». Au sein de cette jeunesse académique se créa une société joyeusement humoristique, le *Crocodile*, qui eut pendant quelque temps sous ce même nom un journal dans lequel se dépensait beaucoup d'esprit. Imitant leurs collègues d'Allemagne, les *Crocodiles* menèrent la vie de cabaret, rédigèrent un *Comment*, et ornèrent leur taverne attitrée d'images, de peintures plus ou moins artistiques. La vie y était joyeuse, comme on peut le voir par la composition de L. von Elliot.

Aujourd'hui, tout cela a disparu, et les étudiants de Bruxelles sont, comme ceux de Paris, de corrects jeunes gens.

Après Bruxelles, Liége, Anvers, Gand, dont les établissements rivalisent de dorures et de modernité avec ceux de la capitale. Plafond avec peintures allégoriques, jardin d'hiver, grandes fleurs décoratives, colonnades, galeries, le plus voyant possible, sans oublier bien entendu les glaces, voilà ce qu'on y trouve communément. A Liége, c'est le *Café Vénitien*, le *Petit Trianon*,

TAVERNE FLAMANDE. — Dessin de Mars.

Gambrinus, Strasbourg, le *Grand Charlemagne*, le *Café Continental*, avec sa façade flanquée de deux tourelles et ses décorations mauresques, le *Café Mohren* avec ses salles de styles différents et ses vitraux allemands où pontifient des personnages ultra-modernes. A Anvers, c'est le *Rathskeller*, copie munichoise, le *Palais-Indien* et la *Scala*, réductions plus ou moins heureuses de l'Eden.

Mais à Anvers comme à Gand, on rencontre encore des « estaminets » d'allure *moyenâgeuse* dont les murs portent ces patriarcales pancartes : *Ici on ne chante pas ! Ici on ne jure pas !* Là aussi sont des brasseries servies par des femmes auxquelles on demande, avant tout, de ne plus avoir les vertus de Jeanne d'Arc.

Usage bien particulier dans ces cabarets flamands, la servante, qu'on appelle communément *Mietje* ou *Mieke*, soit Mariette, avant de présenter au consommateur le bock demandé, trempe ses lèvres dans la mousse et avale un coup de bière. Inutile de dire que cet usage remonte au bon vieux temps.

Autre usage. Le vrai buveur de bière flamand, après un certain nombre de chopes, prend un *hasselt* (genièvre belge), un *bonekamp* ou un *schiedam* pour se réchauffer, puis il entame une nouvelle série pour éteindre le feu de ces liqueurs fortes.

Le dessin de Mars, avec ses vitraux peints entourés de devises qui figuraient à l'Exposition d'Anvers, donne

bien l'aspect de la taverne flamande. Très caractéristiques surtout sont les devises dont voici la traduction :

Dites ce qui est vrai,
Rasez où il y a des cheveux,
Mangez ce qui est cuit,
Buvez ce qui est clair,
Cela est sain pour l'âme et pour le corps,
Chacun son verre, chacun sa femme.

BAR DE LA «GAIETY STRAND» A LONDRES. — Dessin de Mars

VIII

LES BARS ANGLAIS

Quelques définitions sur les établissements publics de l'Angleterre, pour servir de notice à l'intéressante composition de Mars. Au premier rang des restaurants sont les tavernes d'origine antique et qui se distinguent toutes par leur *respectability*.

Puis viennent les *dining-rooms* ou *eating-houses* où l'on dîne à des conditions modérées, et les *coffee-houses*, restaurants, quand ce ne sont pas des hôtels, ainsi nommés assurément parce que, presque toujours, la demi-tasse y est chose inconnue.

Les bars, plus ou moins luxueux, ont tous le même aspect. Dans la première salle est le comptoir (*bar room*) où chacun boit debout. Aux murs sont suspendus des pots d'étain, et une machine fait monter la bière toute fraîche de la cave dans la chope métallique de chaque consommateur.

Les bars dont le dessin de Mars donne une idée pullulent à Londres et sont tous servis par des *girls* correctement vêtues qui essuient le feu quotidien de milliers de compliments. Il en est auxquels sont annexés un café, un *smoking-room*, un *Vienna beer room*, un *grill-room*, un *american bar*, un *spécial Parisian recherché* (sic) *dinner room*, etc.

Une particularité des *bars* proprement dits est qu'on y trouve toujours de la *soup* chaude, dont les Anglais usent largement. Certains *bars*, moins chics, ont la spécialité des saucisses fumantes, ce qui comporte un siège élevé pour le consommateur.

Le côté décoratif de ces établissements consiste dans l'effet d'ensemble que produisent les bois bien polis, les étains, les cuivres, les plaques de métal reluisant et les glaces. Sans être d'un aspect artistique, tout cela est curieux et surtout original.

IX

LES BARS AMÉRICAINS

Ces quelques lignes destinées à accompagner les
curieuses caricatures qui suivent ne sont point une
étude sur les bars américains. S'il s'est produit dans
l'Amérique du Nord, depuis plusieurs années, une
poussée d'art très caractéristique ; si, depuis l'Exposition de 1876, à Philadelphie, l'industrie a surtout subi
l'influence japonaise, les établissements du genre de
ceux qui nous occupent ne paraissent pas avoir ressenti
la contagion dans de grandes proportions. Papiers
peints et tentures — je ne parle pas du meuble puisque
le café américain assis n'existe pas — n'ont point dans le
bar cette marque, ce cachet de japonisme, qu'on trouve
partout autre part. Cela tient, du reste, au caractère
particulier de l'établissement, qui n'est en somme qu'un
comptoir somptueux où le métal est remplacé par le
marbre, et presque toujours par le marbre blanc. Les

DÉCORATION DANS UN BAR DE CHICAGO
Galerie des souverains d'Europe.

(Dessin communiqué par M. Félix Régamey.)

DÉCORATION DANS UN BAR DE CHICAGO

Galerie des souverains d'Europe.

(Dessin communiqué par M. Félix REGAMEY.)

crachoirs immenses placés à tous les coins et les serviettes accrochées aux côtés du bar — où les clients,
sans cesse, s'essuient les doigts — ne prêtent pas, que
je sache, à une décoration artistique bien compliquée.

Là, pas de filles, comme en Angleterre, ce qui est
un des traits caractéristiques, mais des *Bar Keepers*
(garçons), toujours en bras de chemise, au gilet d'une
blancheur immaculée, avec une épingle en diamant à
la cravate. Le luxe, si c'en est un, consiste dans une
orgie de cristaux multicolores. Toutefois les principaux
bars de New-York *Thomas Bar*, *Clifton House*, *Wood
Pine*, *Judge et Jury*, *Shakespeare's* sont ornés de caricatures
anglaises, principalement de Hogarth, dont l'esthétique
quelque peu lourde convient bien au caractère américain — et de portraits-charge de grande dimension,
peints à l'huile. Notons, comme curiosité, qu'au *Stoke's
Bar* se trouve un tableau de Bouguereau.

L'estampe à tendances morales et la caricature occupent une grande place dans la vie américaine : c'est
pourquoi on les retrouve partout, même dans les
bars. C'est ainsi qu'à Chicago existe un somptueux
établissement ayant une succursale à Indianopolis qui,
en outre de nombreuses gravures de cette espèce, présente comme particularités, une galerie des souverains
d'Europe et un musée secret d'estampes licencieuses.
A coup sûr l'idée est assez bizarre pour être empoi-
gnée par quelqu'un de nos cabaretiers à la mode du
jour.

DÉCORATION DANS UN BAR DE CHICAGO

Galerie des souverains d'Europe.

(Dessin communiqué par M. Félix Régamey.)

Les trois planches reproduites ici et qui représentent — est-il besoin de le dire, — Victor-Emmanuel, la reine d'Angleterre, l'empereur de Russie, appartiennent à cette galerie monarchique d'une nouvelle espèce. Le dessin n'est qu'au trait mais l'idée est, presque toujours, assez spirituellement rendue.

Si quelques établissements avec leurs boxes aux cloisons sculptées présentent plus d'intérêt, pour trouver réellement de la couleur, il faut aller dans les débits de thé du *quartier* chinois qui, aménagés partie à l'européenne, partie suivant les idées de l'Empire du Milieu, ont un aspect très décoratif. Là, au moins, le marbre ne trône pas et la fantaisie a libre cours.

TABLE DES MATIÈRES

ALLEMAGNE, ALSACE ET SUISSE

APPENDICE

TABLE DES ILLUSTRATIONS

PLANCHES TIRÉES HORS TEXTE

GRAVURES DE PAGE

I. FRANCE

II. ÉTRANGER

VIGNETTES DANS LE TEXTE

I. FRANCE

II. ÉTRANGER

N. B. — *Les en-têtes, coins de page et culs-de-lampe (vignettes de fantaisie) ne sont pas compris dans les tables.*

ÉVREUX, IMPRIMERIE DE CHARLES HÉRISSEY

9 782329 249230